착한
소비는
없다

일러두기

· 이 책은 2020년에 출간된 《착한 소비는 없다》(자연과생태)의 내용을 수정·보완하고,
표지와 본문을 새롭게 디자인한 전면 개정판입니다.

· 《사계절 기억책》(2023), 《세계지도 속 환경 이야기》(2025)의 글을 일부 수록했습니다.

착한
소비는
없다

최원형 지음

블랙피쉬
Black Fish

행복이란 무엇인가요?

2020년에 출간했던 책을 저간의 사정으로 새롭게 고쳐 개정판을 내놓습니다. 5년여 시간이 짧다고 생각할 수도 있지만 돌아보면 작게는 우리 사회가, 크게는 전 세계가 여러 가지로 다사다난했던 시간이기도 했어요. 아시아에서 홍해를 지나 지중해로 가려던 에버기븐호가 수에즈 운하에 끼이는 바람에 일주일 동안 그곳을 통과하는 모든 물류가 마비된 적이 있어요. 지구가 거대한 물류 체인으로 연결돼 있다는 걸 깨우쳐 준 사건이었지요. 당시 그 뉴스를 접하며 배가 어쩌다 끼이게 되었는지 궁금해지더군요. 1869년에 건설된 운하는 150년이 넘는 시간 동안 몇 번의 확장 공사를 했으나 그사이 물동량은 엄청나게 증가했고 그에 발맞춰 화물선의 크기는 또 얼마나 커졌을까요? 그러니 어느 순간부터 아슬아슬하게 통과하던 배가 그만 걸려 버린 게 아닐까 싶은 생각이 들었습니다. 도대체 그 많은 물건 가운데 간절한 쓰임을 위한 물건은 몇 가지나 될까요?

코로나19 팬데믹은 짧은 시간에 비대면이라는 말을 우리 삶 깊숙이 각인시켰고 오프라인에서 온라인으로 쇼핑 문화를 바꾸어 놓았습니다. 직접 물건을 고르지 않게 되면서 필요에 의한 소비보다는 쏟아지는 광고에 이끌려, 누군가의 코멘트를 신용 삼아 클릭 한 번으로 물건을 구매하는 소비 트렌드가 더욱 가속화되고 있고요. 한밤중에 구매해도 새벽이면 로켓처럼 시간의 주름을 관통해 현관문 앞에 도착하는 시대를 살고 있습니다. 이런 비현실적인 일이 가능할 수 있었던 이면에는 지워진 노동과 약탈당한 지구와 세상 곳곳에 생기는 물건의 무덤이 외면당한 채 있습니다.

과거에는 소비가 낭비한다는 부정적인 의미로 쓰였어요. 이젠 너나없이 소비자로 불립니다. 이름에 걸맞게 쉼 없이 소비를 부추기는 환경에 놓여 있기도 하고요. 거리를 걸으면서도, SNS에 접속만 해도 정신을 차리기 힘들 정도로 쏟아지는 광고 세례 속에 살아갑니다. 풍요로운 삶을 마다할 이유는 없어요. 그런데 풍요의 시작점을 따라가다 만나게 되는 문제를 하나둘 알아 갈수록 풍요는 축복이 아닌 우리 문명의 함정이 아닐까 싶은 두려움이 엄습합니다. 제가 이 책을 펴내게 된 배경이기도 하고요. 풍요롭다는 말의 의미를 곱씹어 봅니다. 미국의 생물학자 린 마굴리스의 말처럼 우리는 걸어 다니는 공동체입니다. 지구상의 모든 생물체 중 독자적으로 생존할 수 있는 생물은 박테리아가 유일하니까요. 결국 우리는 상호 의존적인 존재일 수밖에 없다는 거지요. 그렇게 서로 의존하면서 이뤄진 세상에서 우리의 풍요가 누군가에겐 착취이자 파괴이고 오염이라면 그 풍요는 오래갈 수가 없습니다.

이 책을 처음 출간했을 당시 '그럼 아무것도 소비하지 말라는 이야기냐', '소비하는 나는 나쁜 사람이라는 거냐'며 반농담조로 반응을 보인 지인이 몇 있었어요. 금융업에 종사하는 어떤 이는 "어, 안 되는데. 소비가 위축되면 큰일인데"라고 해서 조금 충격적이기까지 했습니다. 그러면 우리는 현재 시스템을 유지하기 위해, 아니 더욱 성장시키기 위해 소비라는 페달을 쉼 없이 밟아야 한다는 건가요? 이런 반문이 내 안에서 불쑥 올라왔던 기억도 납니다. 제가 제기한 문제의식은 삶을 영위하는 데 필요한 소비마저 부정하자는 게 아닙니다. 풍요의 함정에 빠져 내 욕망을 부추기는 소비 대신 연민, 사회적 유대를 바탕에 둔 소비를 해 보자는 취지입니다.

소비자는 단지 구매력 있는 어른만이 아닙니다. 보스턴대 사회학과 교수이자 경제학자인 줄리엣 B. 쇼어Juliet B. Schor의 책 가운데 《Born to Buy: The Commercialized Child and the New Consumer Culture》가 있어요. 고매한 우리 삶이 고작 구매하기 위해 태어났다니 너무나 충격적이지 않나요? 거기 더해서 부제는 '상업화된 아이와 새로운 소비문화'입니다. 이 책을 읽으며 우리 아이들이 어릴 적 인형을 사기 위해 들렀던 햄버거 가게가 떠올랐어요. 예쁜 인형을 얻기 위해 왜 아이들이 좋아하지 않는 버거도 사야 했는지 지금 생각하면 어처구니없는 행동이었으나 당시는 그게 아이들 문화라고 생각했던 거죠. 그 문화는 정말 아이들이 원해서 생겨난 문화가 아니었고 아이의 부모가 원했던 문화는 더더구나 아니었어요. 햄버거 회사가 만들어 낸 마케팅이었던 거죠. 햄버거를 팔기 위해 아이들이 좋아하는 캐릭터 인형을 내세웠던 거고요. 이성적으로 생각하면 말도 안 되는 이야기가 버젓이 현실에서 통용되는 문화가 오늘날 소비문화입니다. 어릴 적부터 이런 소비문화에 익숙해진 아이는 어떤 필요든 만들어 주기만 한다면 익숙하게 소비할 어른으로 성장할 확률이 높지 않을까요?

친근한 연예인이 여러 지인에게 "내가 이번에 이거 써 봤는데 너무 좋아!" 이러면서 제품을 슬쩍 보여 주는 방식의 광고를 보았을 거예요. 소위 인플루언서들이 자신의 일상을 소개하듯이 소비자와 감정적인 연결을 시도하고 진정성을 보여 주며 구매력을 끌어올립니다. 인위적으로 만들어진 진정성, 그게 기업들이 원하는 마케팅이죠. 몇 해 전 이야긴데요. 도심의 한 아울렛은 개점 전 출입구에 '행복이 시작되는 시간'이라는 글귀 아래 시계 그림이 그려진 엑스배너를 내놓곤 했어요. 그 시계는 개점 시간인 10시 30분을 가리키고 있었고요. 그런 홍보물을 보면서 사람들은 어떤 생각을 할까요? 아니 어떤 생각을 하도록 부추기는 걸까요? 아울렛 문이 열리고 그곳에 들어서서 물건을 마음껏 구매할 수 있는 것이 곧 행복이라는 공식을 노골적으로 제시하고 있는 건 아니었을까요? 살아 있는 모든 존재는 행복을 원합니다. 다만 그 행복이라는 것이 무엇인지 곰곰 생각할 겨를 없이 광고를 통해 쉼 없이 쏟아지는 '소비야말로 행복'이고 '물질의 힘과 부유함이 곧 행복'이라는 설교에 우리가 날마다 설복당하고 있는 건 아닌지 돌아볼 일입니다. 그래서 저는 사람들을 만나면 물어보곤 해요.

"당신은 행복한가요? 행복이란 무엇인가요?"

더불어 좋은 삶

최원형

1부

개인

나와 가정의 소비

1장

나는 '덜 사기'가
왜 이렇게 어려울까?

5월 첫 주 토요일, 어스름 귀갓길에 소쩍새 소리를 들었어요. 둘째 주 토요일 아침에는 파랑새 소리가 들렸고요. 창을 활짝 열고 쌍안경을 눈에 댄 채 소리 나는 곳을 살펴보았어요. 텃세를 부리는 듯 행동하는 까치 옆으로 파랑새가 보이더군요. 둘 사이에 신경전이 펼쳐지며 파랑새는 예의 그 시끄러운 소리를 냈고 그 바람에 파랑새 도착을 알게 되었습니다. 시끄러운 소리라고 표현했지만 사실 제 귀에 그 소리는 기다리고 기다리던 반가움이었어요. 그리고 다음 날 꾀꼬리 소리가 숲에서 들렸어요. 이만하면 우리 숲의 여름 손님들은 얼추 도착한 셈입니다. 이제 숲은 남쪽에서 가져온 뜨거운 지저귐으로 더욱 푸르러질 테고 여름을 향해 한껏 내달릴 것입니다. 틈날 때마다 저는 숲을 내다

볼 것이고 자주 산책할 것이며 파랑새 소리가 창공으로 퍼질 때면 설레는 마음으로 올려다볼 거예요. 뜨거운 여름이 시들 무렵까지.

소련의 금성 탐사선인 코스모스 482호가 지구 궤도를 돌다가 지구로 떨어질 것이라는 소식은 무척이나 우울했어요. 추락 당일에야 어디로 떨어질지를 알 수 있다니 이토록 과학이 발전해도 결국 요행을 바라는 것 말고 달리 방법이 없다는 사실에 기가 막혔습니다. 그리고 인도양으로 '첨벙' 했다는 뉴스를 들은 건 공교롭게도 파랑새 소리를 들은 바로 그날이었어요.

창공을 나는 존재라고는 새뿐이었다가 비행기가 등장했고 20세기 중반 소련의 스푸트니크 1호가 발사되면서 미국과 소련의 우주 경쟁 서막이 열렸어요. 21세기에 들어서면서 여러 나라와 기업들이 우주 탐사에 참여하기 시작했습니다. 버진갤럭틱, 스페이스X, 블루오리진 같은 민간 우주 항공 기업이 대중들에게 알려지기 시작한 건 최근 몇 년 사이 우주여행이 성공하면서부터죠. 2002년 스페이스X가 설립되고 민간 우주 산업이 거론될 때만 해도 비현실적인 해프닝이라 여겼어요. 제 예상과는 반대로 2021년 7월에 버진 그룹의 버진갤럭틱이 민간 우주선으로는 처음으로 지구 고도 85킬로미터까지 올라가서 미세 중력을 체험하고 귀환하며 우주여행에 성공했지요. 당시 우주여행을 하겠다는 예약자만 대략 6백 명으로, 한화 3억 원에 가까운 여행 티켓을 구매했다고 버진갤럭틱은 밝혔어요. 같은 해 9월에는 스페이스X에 전원 민간인으로 구성된 우주 관광단이 탑승했고, 2024년 9월에는 아폴로 우주선 이후 가장 높은 1,400킬로미터 고도에서 스페이스X가 제작한 우주복을 입고 사상 최초로 민간인 우주 유영 시도에 성공했습니다.

민간 우주 기업들 사이에 신기록 경쟁은 이미 시작되었습니다. 이 와중에 부자들의 과시적 소비는 마침내 우주에까지 다다르고 있어요. 해외여행 자율화가 시행되면서 비행기를 타고 외국에 나가는 일이 부의 상징이던 때가 있었어요. 그러다 저가 항공 시대가 열리면서 해외여행은 더 이상 부의 상징도 특별한 일도 아닌 게 돼 버렸어요. 우주여행도 머지않아 저가 우주여행 시대를 열 수 있을까요? 그런 일이 실현되는 건 반가운 일일까요? 우주여행의 이면에는 지구 중력을 벗어나기 위해 어마어마한 연료를 소비해야 하고 그만큼 많은 탄소를 배출해야 한다는 불편한 진실이 드리워져 있습니다.

최근 세계적인 팝스타 케이티 페리, 미국 CBS 앵커인 게

일 킹을 비롯한 유명 인사를 태운 블루오리진의 로켓 뉴 셰퍼드가 발사하면서 큰 논란이 일었어요. 뉴 셰퍼드가 수소와 산소를 연료로 사용해서 탄소 대신 수증기만 배출한다며 '탄소중립에 가까운 비행'이라고 홍보했기 때문이지요. 수증기는 그 자체로 온난화에 영향을 주는 온실기체이고, 로켓이 발사할 때 배출하는 엄청난 열로 대기 중에 있는 질소가 질소산화물로 바뀌면서 오존층에 악영향을 미칩니다.

우주여행뿐만 아니라 기업들은 저궤도 위성 통신 서비스를 위한 위성 발사도 경쟁적으로 하고 있어요. 스페이스X는 위성 인터넷 스타링크 서비스를 위해 2023년에만 로켓을 100회가량 발사한 것으로 알려져 있습니다. 로켓에서 배출된 배기가스 속 탄소 등으로 오존층에 어마어마한 구멍이 뚫릴 수 있다고 과학계는 예측하고 있지요. 미국 국립해양대기청NOAA 연구팀은 2022년 국제 학술지 〈JGR 대기〉에 로켓 발사 횟수가 지금보다 10배 증가할 경우, 성층권 온도가 2도가량 상승할 것이고 북반구의 일부 오존층이 파괴될 것이라는 연구 결과를 발표했습니다. 더구나 우주 개발 경쟁이 과열되면서 우주에 쌓여 가는 쓰레기가 언제 우리 머리 위로 추락할지 모를 잠재적 위험마저 커지고 있는 상황입니다. 탄소 배출을 줄이고 제로 웨이스트의 삶을 살려는 이들에게 우주여행은 커다란 좌절감과 상실감을 안겨 줍니다.

우주여행을 하며 승객들은 무중력을 체험하고 우주 공간에서 잠시 유영하며 지구 밖에서 지구를 바라봅니다. 우주여행을 다녀온 이들의 '굉장한 경험'이라는 후기는 어쩐지 씁쓸해요.

'굉장한 경험'을 하러 그토록 힘든 훈련 과정을 거치고 비싼 비용을 치르며 불편한 우주복을 착용한 채 우주로 가야만 할까요? 그 굉장한 경험을 위해 짧은 시간에 어마어마한 탄소 배출을 하고 우주에 오염 물질을 배출해야만 할까요? 남쪽에서 여름을 나기 위해 숱한 어려움을 극복하며 먼 거리를 날아온 새들을 만나는 거야말로 '굉장한 경험' 아닌가요? 우리 공동체의 삶을 보다 충만하게 하는 것은 대체 무엇인가요? 대체 이런 우주여행이 우리 공동체에 어떤 '쓸모'가 있으며 우리들의 삶을 향상시키는 데 어떤 도움이 될까요? 우리의 삶이 보다 충만하려면 사회 구조와 문화는 어떤 방향으로 나아가야 할까요?

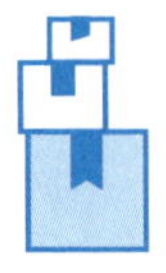

몇 가지 물건을 소유해야 행복할까?

플로리안 데이비드 핏츠 감독의 영화 〈100일 동안 100가지로 100퍼센트 행복찾기〉는 신선했습니다. 불이 꺼지고 영화가 시작되자 스크린에 57, 200, 650 그리고 1만이라는 숫자가 등장합니다. 대체 뭘까? 관객의 호기심이 잔뜩 부풀어 오를 무렵 숫자의 의미가 공개됩니다. 증조부 시대부터 조부모와 부모를 거쳐 오늘 우리가 사용하는 물건의 가짓수였습니다. 사용하는 물건은 시대를 거치며 계속 늘어났습니다. 물건이 늘어났다는 건 편리함 혹은 풍족함이란 말로 달리 표현할 수도 있겠습니다. 그렇다면 물건의 개수와 인간의 행복은 비례할까요? 결론은 누구나 알고 있듯 아닙니다. 그럼에도 불구하고 끊임없이 물건을 소유하고 싶은 욕망을 잠재우기 어려운 건 대체 왜 그리고 무엇 때문일까요?

　정보 통신 기술이 발전하면서 이제는 기계와 인간이 대화하는 정도를 넘어서 감정 교류를 논하는 수준까지 진화했습니다. 어느덧 사람의 마음이 마음과 만나지 못하고 격리되는 그 틈에 물건이 비집고 들어와 버렸고, 세상은 사람이 물건과 만나 일방적인 욕망을 충족시키는 쪽으로 바뀌었습니다. 그 욕망의 숫자가 1만 개에 이른 시대를 지금 우리가 살고 있습니다.

　스타트업 회사를 운영하는 폴과 토니는 어느 날 개발한 앱이 대박을 터뜨리면서 하루아침에 백만장자 반열에 오를 기회를 맞이합니다. 축하 파티를 열다 취중 내기를 하고 다음 날 알몸 상태로 잠에서 깹니다. 어젯밤 폴과 토니가 했던 내기는 완전 빈털터리 상태에서 하루에 하나씩 100일 동안 100가지 물건을 소유하는 것이었습니다. 아무것도 없는 상태에서 물건 하나를 골라야 할 때 우리는 어떤 물건을 가장 우선해서 갖고 싶을까요? 토니는 여자 친구를 만나러 가야 하는 바로 그때 눈병이 납니다. 그리하여 입고 있던 바지와 선글라스를 맞바꿉니다. 폭소를 터뜨리는 여자 친구에게 지금 자기에게 가장 유용한 건 바지가 아니라 선글라스라고 말합니다. 물건의 홍수 속에 사는 우리에게 토니의 이 선택은 삶의 무게를 가볍고 경쾌하게 바꿔 줍니다.

영화를 보면서 저 역시 어떤 물건을 가장 우선해서 고를까 생각해 봤습니다. 너무 많은 물건이 제각각 이래서 나를 골라야 한다는 듯 마구 떠올랐습니다. 그렇게 떠오른 물건이 정말 절실한가 한 번 더 스스로 질문해 보니 그렇진 않았습니다. 결국 한 가지도 제대로 고르지 못했지만 만약 실제 상황에 맞닥뜨린다면 아마도 처한 상황에서 가장 절실한 어떤 걸 고르게 되겠지요.

"우린 전부 가진 세대예요. 먹고 싶을 때 먹고 행복하지 않을 이유가 없어요. 그런데 왜 우리의 행복은 오래가지 않을까요?"

이 대사를 들으며 행복이란 무엇인지 스스로에게 질문을 던져 봤습니다. 잡히지 않는 추상적 행복, 그건 관념 속에서나 있을 것 같습니다. 갖고 싶은 물건을 가졌을 때도 행복을 느낍니다. 그렇다면 행복은 구체적인 물건일까요? 그렇지도 않은 것 같습니다. 행복이라는 단어에 함의된 잡히지 않는 그 무언가는 물질적이면서 동시에 정신적인 것 같습니다. 전부 가진 세대지만 행복이 오래가지 않는 까닭은 채워지지 않는 헛헛함 때문 아닐까요? 물질적으로 풍요로워질수록 우리는 내면의 균형을 잃기 쉽습니다. 물질의 가치가 삶의 질을 평가하는 기준이 돼 버린 사회는 점점 물질적인 욕망을 추구하도록 부채질합니다. 상대와 끊임없이 비교하며 외양에 치중하도록 만들고 불안감을 조성합니다. 그래서 지속적으로 소유하도록, 아니 소비하도록 부추깁니다. 어차피 도달할 수 없는 목표를 계속 제시하기 때문에 아무리 소유해도 그 소유가 나를 행복에 이르게 하지 못합니다. 어느 순간 내면과 물질 사이에 불균형이 생겨 헛헛함이 우리를 엄습합니다.

사람과 사람이 만나는 일은 쌍방향 소통으로 이뤄집니다. 이 소통에는 갈등이라는 요소가 따르기 마련입니다. 갈등에 봉착하고 갈등을 풀어 가는 과정은 꽤나 지난하지만 이 과정에서 사람에 대한 신뢰가 쌓이고 지혜가 더해져 내면이 채워집니다. 반면 물건은 일방향입니다, 언제나. 일시적일지언정 내가 원하는 행복을 얻고자 탄생한 게 물건이고, 그 목적은 소유 아닐까요? 그러니 채우려 할수록 점점 헛헛해지는 내면을 직시하지 않고서 물건의 소유를 멈출 수는 없을 것 같습니다.

인류 역사상 그 어느 때도 경험하지 못한 공급의 홍수 속에서 어떻게 이 많은 물건을 팔아야 할지를 고민하는 이 시대에 우리는 과연 소유가 '0'이라는 게 어떤 느낌일지 가늠이나 할 수 있을까요? 영화를 보면서 내가 소유한 물건 가운데 하루에 하나씩 빼기를 해 보는 건 어떨까 하는 생각이 들었습니다. 과연 뺄 수 있을까 싶다가도 과감하게 빼기 시작하면 아마도 가속도가 붙어 얼마든 뺄 수 있겠다 싶기도 했습니다. 그러다 보면 끝까지 나와 함께할 수 있는 건 욕망에 이끌려 집어 든 물건이 아니라 어떤 기억을 떠올려 줄 수 있는 어쩌면 보잘것없는 물건 몇 개일지도 모르겠다는 생각을 했습니다. 정말 어느 정도 물건이어야 우리는 행복할까요?

저녁 설거지를 마치고 부엌 창 너머를 잠시 내다보고 있었습니다. 7시가 조금 넘었을 뿐인데 이미 어둠이 온전히 내려앉아 사위가 깜깜했습니다. 겨울이라 해가 지는 시간이 점점 빨라졌습니다. 그러다 문득 앞 동에서 반짝이는 불빛이 보였어요. 어느 집 거실에 마련해 놓은 크리스마스트리에서 색색 전구가 반짝이고 있었습니다. 그러고 보니 얼마 전 들렀던 연말 분위기 물씬 풍기던 거리가 생각났습니다.

한 가게 점원이 밖으로 나와 블랙프라이데이라고 적힌 손팻말을 들고 있었습니다. 이제 블랙프라이데이는 쇼핑 업계에 중요한 마케팅 수단이 되었어요. 미국에서 시작된 블랙프라이데이는 11월 추수감사절을 시작으로 크리스마스, 새해 무렵까지 이어지는 대규모 쇼핑 시즌입니다. 연말 분위기에 편승해서 기업들이 소비를 부추겨 매출을 올리려고 안간힘을 쓰는 시기입니다. 블랙프라이데이에 대한 반동으로 과도한 소비가 언제까지고 가능하지는 않으리라 생각하는 사람들이 나타났고 그들 사이에서 '아무것도 사지 않는 날'이 자연스레 생겼습니다. 처음에는 추수감사절이 끝날 즈음인 11월 마지막 주 어느 날이었는데 이후 한 환경 단체가 11월 26일로 정하고 알리기 시작했습니다.

피아니스트 세이모어 번스타인●의 삶과 예술 세계를 담은 다큐멘터리 영화 〈피아니스트 세이모어의 뉴욕 소네트 Seymour: An Introduction〉는 새로운 발견이었습니다. 제 삶에 영향을 끼친 몇 편의 영화 가운데 하나입니다. 세이모어의 더할 수 없이 멋진 연주와 하나하나 받아 적고 싶도록 깊은 철학이 담긴 그의 대사에도 감명을 받았지만 무엇보다 그의 삶을 그대로 보여 주는 집이 특히나 감동이었습니다. 영화에서는 여러 차례 세이모어의 집 내부가 공개됐습니다. 피

● 세이모어 번스타인은 피아니스트로서 명성을 떨치던 시기에 스스로 은퇴했습니다. 부와 명예가 좋은 음악을 하는 데에 방해가 된다고 느꼈기 때문입니다. 이후 그는 뉴욕에 있는 작은 집에서 제자들을 가르치는 데에 전념했습니다.

아노가 놓인 거실 하나에 작은 부엌과 화장실이 전부인 그 소박한 공간이 무척 인상 깊었습니다. 아침에 일어나면 세이모어는 먼저 침대를 접어 소파로 만듭니다. 그러고 나면 침실은 순식간에 거실로 바뀝니다. 피아노 레슨을 받으러 온 제자들이 모두 돌아가고 일과를 끝낸 세이모어는 다시 소파를 펼쳐 침대로 만듭니다. 노구를 이끌며 아침저녁으로 소파 침대를 접었다 펼쳤다 하는 세이모어를 보며 어떤 측은이나 가난 같은 낱말은 떠오르지 않았습니다. 오히려 고귀한 삶의 방식을 엿봤다고 할까요.

언젠가 읽은 책《나는 단순하게 살기로 했다》의 저자 사사키 후미오의 집도 비슷했습니다. 그곳에서 소파 침대와 함께 제 눈길을 끈 건 탁자로 밥상으로 디딤판으로 쓰는 물건이었습니다. 법정 스님은 무소유란 아무것도 갖지 않는 게 아니라 '정말 필요한 것만 소유'하는 거라고 했습니다. 어느 날 접시를 꺼내려 찬장 문을 열었다가 그 많은 접시 가운데 정작 사용하는 접시는 10개를 넘지 않는다는 걸 깨달았습니다. 10개도 어쩌다 쓰는 것까지 포함한 개수니 실제 사용하는 접시는 손에 꼽을 정도입니다. 그러니 나머지는 그저 자리를 차지할 따름입니다. 찬장마다 그득한 저 많은 그릇 가운데 그릇으로 쓰임을 한 번도 하지 않은 게 훨씬 많다는 걸 알고 나니 내게 필요한 물건은 몇 가지나 되며, 정말 필요한 것의 기준은 뭘까 생각해 보게 됐습니다.

꼭 11월 26일이 아니더라도 올해는 나도 한 달에 하루를 정해서 아무것도 사지 말아야겠다고 마음먹었습니다. 집을 나섰다가 돌아올 때까지 아무것도 사지 않으면 되니까 하루쯤이야 할 수 있겠지 싶었습니다. 드디어 그날이 돌아왔습니다. 밖에 있으니 점심시간에 뭔가를 사 먹어야 했습니다. '아무것도 사지 않은 날인데'라고 내 안에서 목소리가 들려왔습니다. 그런데 또 다른 목소리가 '이건 끼닌데? 그러니까 예외지'라고 반론을 제기했습니다. 듣고 보니 그랬습니다. 그래서 밥을 사 먹었습니다. 그러고 나니 커피가 또 생각났지만 굳은 의지로 건너뛰었습니다. 오후에 사람들을 만나 회의를 했습니다. 카페에서 만나다 보니 자연스레 음료를 주문해야 했습니다. 결국 그날은 아무것도 사지 않는 날이 되지 못했습니다.

집에 와 곰곰이 생각해 봤습니다. 바깥에서 끼니를 해결해야 한다면 아무것도 사지 않는 날이 될 수 없을까? 미리 도시락을 챙겨서 나서면 아무것도 사지 않을 수 있겠더군요. 회의가 있으면 음료도 챙겨 가면 됩니다. 아무것도 사지 않는 하루를 보내려면 소풍 가듯 가방을 챙겨 다니면 되는 일이었습니다. 물건이 흔치 않던 시절 우리 삶은 대략 이렇지 않았을까 싶습니다. 누구든 길을 떠나기 전에 끼니가 될 만한 걸 봇짐 속에 넣는 일은 당연했습니다. 동서고금을 막론하고 이런 삶은 꽤 오래 이어졌습니다. 인류가 지금처럼 언제 어디서든 돈만 있으면 모든 걸 해결할 수 있는 삶을 산 지는 얼마 되지 않습니다. 이 짧은 시간 동안 우리는 편리함에 길들었고, 이런 삶에서 조금이라도 벗어나면 괴롭고 불안해집니다. 그러나 이처럼 편리하고 풍족한 삶이 언제까지 지속될지는 모를 일입니다. 좀 낯설고 번거롭더라도 소비하는 삶보다 지속 가능한 삶 쪽으로 방향을 틀어 보는 건 어떨까요? 세이모어의 삶이 더 빛나는 건 그의 철학이 삶 속에 고스란히 녹아들었기 때문이 아닐까 싶어요.

버려진 물건들의 무덤

〈전화기의 무덤〉이라는 사진을 본 적이 있습니다. 2013년 뉴욕에 기반을 두고 활동하는 프리랜서 사진작가 데이브 블레드소Dave Bledsoe 작품인데요. 뉴욕 135번가와 12번가 근처의 고가 철로 아래에 공중전화 부스 100여 개가 오랫동안 방치된 걸 발견하고 찍은 사진이었어요. 당시 뉴욕시 곳곳에 방치된 공중전화 부스가 1만여 개 넘게 있었다고 합니다. 같은 해 영국 노팅엄셔의 뉴어크에도 빨간 공중전화 부스가 쌓인 무덤이 있었어요. 2012년 런던 올림픽을 개최하면서 낡은 전화박스를 무더기로 교체하며 내다 버린 거지요.

지구 곳곳에는 다양한 종류의 무덤이 있습니다. 우리가 익히 아는 무덤과 다른 게 있다면 무덤 주인이 물건이라는 거지요. 중국 충칭 외곽에는 노란 택시 무덤이 있습니다. 더 이상 운행할 수 없이 낡은 택시는 폐차 수순을 밟기도 하지만 그 또한 비용이 드는지라 버려지는 택시도 상당한가 봅니다. 일본 군마현 타마무라에는 자판기 나라답게 자판기 무덤이 있습니다. 미국 사막 곳곳에는 비행기 무덤이 있고요. 서아프리카 모리타니의 누아디부 항구에는 버려진 배들의 무덤이 있는데요, 배 무덤만 있지 않습니다. 포르투갈 타비라 바닷가에는 한때 북적이던 항구가 쇠락하면서 버려진 닻 수백 개가 꽂힌 닻 무덤도 있어요. 이런 무덤들은 우리 문명의 그늘을 보여 주는 한 단면입니다. 새 물건에는 너나없이 관심을 갖지만 버려진 물건이 어디로 흘러들어 어떻게 되는지에는 몇이나 관심이 있을까요?

난생처음 집에 전화가 놓이던 날을 생생하게 기억하고 있어요. 까만색 다이얼 전화기는 수화기와 몸통이 꼬불거리는 줄로 연결되어 있었지요. 통화를 오래 하면 다른 전화를 못 받는다며 얼른 끊으라던 아버지 잔소리도 기억이 납니다. 그랬던 시절을 지나 이젠 집집이 식구 수만큼 전화기를 갖고 삽니다. 정보 통신 기술이 발전하면서 전화기의 진화는 따라갈 수 없을 만큼 빠른 속도로 진일보하고 있고요. 이름도 더 이상 전화가 아닌 스마트폰이 됐습니다. 전화기 그 이상의 기능이 다 들어 있으니까요.

가끔 사람들에게 스마트폰을 몇 번이나 교체했는지 질문을 던져 보면 그걸 기억하는 사람이 거의 없었던 것 같아요. 여러 번 바꿨기 때문이겠지요. 2007년부터 10년간 전 세계 스마트폰에 관한 통계를 본 적이 있습니다. 스마트폰이라는 한 종류 물건을 10년 동안 무려 71억 개나 만들었더군요. 이걸 제조하느라 쓰인 전력 소비량은 968테라와트시TWh로 인도의 연간 전력 소비량과 맞먹는 양입니다. 스마트폰 하나 만드는 데에 들어가는 광물 종류는 60가지가 넘습니다. 이를 채굴하고 정련하는 데 많은 에너지, 물, 화공 약품 등이 소비됩니다. 예를 들면 정련 과정에서 광석을 씻는 데에 시간당 최대 5만 리터 물이 쓰입니다. 그런데 이렇게 채굴한 광물 가운데 아주 일부만이 광원으로 쓰이고 나머지는 그냥 버려집니다. 기술 자본주의 추구라고 표현할 만한 정보 통신 기술 제품을 만들고자 생태계는 파헤쳐지고 지구 일부였던 광물은 화학 물질로 범벅이 된 채 버려지는 겁니다. 이렇게 어마어마하게 많은 전력과 광물과 에너지를 들여서 만든 스마트폰 교체 주기가 고작 3년 정도입니다.

기업은 계속해서 필요를 만들어 냅니다. 그렇게 만들어 내는 필요에 따라 소비하는 동안 이 지구에는 얼마나 많은 물건 무덤이 생겨날까요? 얼마나 많은 생태계가 파헤쳐질까요? 약정 기간 끝날 때 즈음 고장이 나는데 그럼 어떡하느냐고요? 계속 모델을 바꾸며 과잉 생산하는 속도에 브레이크를 걸어야지요. 고장 난 제품을 충분히 고쳐 쓸 수 있도록 제도를 바꿔야 합니다. 빠른 시일에 제품을 단종시키고 계속 새로운 제품을 생산하기보다 제품 수명을 늘릴 수 있는 제도를 마련해야 합니다. 설령 제품 생산이 멈췄다 해도 부품을 구할 수 있는 시스템을 기업이 갖추도록 해야 합니다. 지구 자원은 결코 화수분도 아니고 지구가 언제까지 우리가 쓰고 버린 쓰레기를 감당할 수도 없는 일이니까요. 이렇게 박박 긁어 쓰고 탈탈 털어 쓰면 우리는 대체 다음 세대들에게 어떤 세상을 넘겨줄 수 있을까요?

스마트폰 한 대에는 금이 약 0.02그램, 은이 약 0.1그램 들어 있습니다. 2024년 기준 우리나라 전체 가구 수는 2,218만 가구인데 집집마다 서랍 속에 잠자는 스마트폰이 몇 대나 될까요? 1인 가구가 전체 가구의 35퍼센트가 넘으니 나머지는 적어도 2인 이상이라는 것까지 감안해 본다면 집에 숨어 있는 금과 은의 무게만도 엄청날 테지요.

'도시 광산'이라는 말이 있어요. 1986년 일본 도호쿠대 선광제련연구소의 난조 미치오 교수가 전자 폐기물 속 금속을 추출한다는 의미로 만든 개념입니다. 산업 쓰레기로 폐기하면 절대로 안 된다며 도시 광산이라는 개념을 만들었어요. 버려지는 전자 폐기물에서 금, 은을 비롯한 금속을 다시 캐내어 재활용하게 되면 단지 자원 부족 문제를 해결할 뿐만 아니라 채굴 과정에서 벌어지는 오염 문제까지 줄일 수 있는 거지요. 일본은 이렇게 도시 광산을 적극 활용하면서 재활용한 금이 남아프리카공화국의 광산에서 채굴한 천연 금보다 많아졌어요.

서랍 어딘가에 처박아 둔 스마트폰이 있다면 당장 '한국전자제품자원순환공제조합'으로 보내세요. 착불로 보내면 되니까 배송료 부담도 없고요. 혹시나 내 정보가 유출되지 않을까 염려할 필요도 없어요. 먼저 나눔폰 홈페이지에 온라인으로 접수를 합니다. 그런 다음 자원순환센터 나눔폰 담당자 앞으로 보내면 돼요. 기부금 영수증이 필요하다면 요청하면 되고요. '모두비움' 앱을 활용하면 여러분 주변 가장 가까이에 있는 곳을 안내해 줍니다. 그곳에서 직접 폐스마트폰을 폐기해도 돼요. 폐가전제품 폐기 시에도 모두비움 앱을 활용하면 편리합니다.

침대에 장을 보는 마트가 열리고 한밤중에 주문해도 새벽이면 현관문 앞에 배달되는 세상을 살고 있습니다. 한국통합물류협회는 2024년 한 해 동안 택배 물량을 59억 6천만 개로, 1인당 택배 이용 횟수는 연 115.2회로 집계했습니다. 2014년 연간 택배 물량이 16억 2천만 건이었던 것과 비교하면 10년 사이에 어마어마한 증가가 아닐 수 없어요. 국내에 새벽 배송이란 말이 처음 등장했던 건 2015년이었고 당시 시장 규모는 100억 원 정도였어요. 2025년 기준으로 새벽 배송 시장은 약 12조 원 규모로 추정되며 10년 만에 약 1,200배 성장했습니다. 코로나19 영향으로 온라인 시장 성장세는 훨씬 가파르게 상승하고 있습니다. 오프라인 매장은 이제 활로를 잃고 온라인 매장으로 소비자가 몰리는 추세입니다. 온라인 시장이 급속히 확장되니 그에 따라 택배도 증가할 수밖에요.

　온라인 쇼핑 덕분에 물건을 사러 어딘가로 나서야 하는 번거로움이 사라졌습니다. 꽉 막힌 도로에서 오도 가도 못하며 스트레스 받을 일도, 쇼핑센터 주차장에서 주차할 곳을 찾느라 뺑뺑 돌 필요도 없습니다. 무겁게 짐을 실어 나를 필요도 없습니다. 그저 클릭 몇 번이면 내가 원하는 물건을 내 집 앞에 가져다주니 얼마나 편한가요. 빠른 배송도 온라인 쇼핑의 장점입니다. 일어나는 욕망을 즉시 충족시킬 수 있으니, 얼마나 편해진 세상인가요. 그런데 과연 장점만 있을까요?

　배달되는 모든 물건은 결코 혼자 오지 않습니다. 물건을 감싸는 포장재와 함께 옵니다. 파손 우려가 있는 물건은 완충재가 함께 오고 육류나 신선식품은 상하지 않도록 보냉재와 함께 스티로폼 박스에 담겨 배달됩니다. 종이 소비나 사라지는 숲 문제는 일단 차치해 두고 종이 박스는 종이 재활용이 가능합니다. 문제는 스티로폼입니다. 스티로폼은 재활용으로 수거는 해 가지만 과연 우리가 믿는 것처럼 재활용이 완전히 이뤄질까요? 폐스티로폼을 녹여 부피를 줄인 다음 재생 원료인 잉고트Ingot를 만들어 욕실 발판, 사진 액자,

건축 자재용 몰딩 등을 만듭니다. 그런데 유가가 하락하면서 폐스티로폼을 재활용하는 것보다 새로 제품을 만드는 게 싸졌습니다. 재활용이 온전히 되지 않으니 매립이나 소각의 길을 갈 수밖에 없습니다.

신선식품 배송이 증가하면서 덩달아 증가한 게 얼음 팩입니다. 2024년 한 해 얼음 팩 소비량은 약 4억 5천만 개로 추정되며, 2023년 대비 약 20퍼센트 증가한 규모입니다. 환경부 통계에 따르면 국내 얼음 팩 사용량은 2019년 2억 천만 개에서 코로나19 이후 급증하여 2020년 3억 개를 넘어섰고, 2024년에는 약 4억 5천만 개에 이른 것으로 파악됩니다. 새벽 배송과 온라인 식료품 주문이 폭발적으로 증가했기 때문이지요. 실제 얼음 팩 소비는 새벽 배송과 온라인 식품 유통이 전체의 약 85퍼센트를 차지하며, 나머지는 의료용(10퍼센트), 스포츠·레저용(5퍼센트) 순입니다. 특히 쿠팡, 마켓컬리, SSG 등 주요 새벽 배송 업체들이 전체 소비량의 절반 이상을 차지하고 있어요. 2023년부터 고흡수성 폴리머SAP로 충전한 얼음 팩에 폐기물 분담금을 부과하면서 변화가 생기긴 했어요. 2024년에 소비된 얼음 팩 가운데에는 물이나 전분 등 친환경 얼음 팩이 약 60퍼센트, 고흡수성 폴리머 얼음 팩이 40퍼센트를 차지하고 있어요. 친환경 비중이 늘어난 것은 반가운 사실이나 얼음 팩 총 수요가 증가했으니 유의미한 감소라고 보기 어렵습니다.

온라인 쇼핑에서 우리가 놓치는 것 가운데 하나가 물류입니다. 소비자가 주문한 물건은 어떤 것이든 일단 물류 창고로 모인 다음 그곳에서 소비자에게 배달됩니다. 예를 들어 우리 집 가까운 곳에 있는 물건을 주문하더라도 우리 집과는 멀리 떨어진 물류 창고까지 갔다가 우리 집으로 옵니다. 물건들이 계속 어딘가를 떠도는 셈이지요. 이런 상황을 세계로 확장하면 오대양에는 물건을 실은 화물선들이 24시간 떠 있습니다.

또 하나, 물건을 직접 살피고 고르는 게 아닌 온라인 쇼핑에서 물건을 고르는 기준은 과연 무엇일까요? 누군가가 쓴 후기가, 제품 광고가 공정한 기준이 될 수 있을까요? 내 의지가 아닌 노출되는 정보에 따라 구매를 결정하는 일은 위험할 수 있습니다. 빅 데이터를 기반으로 내 취향에 맞는 물건을 골라 주는 온라인 쇼핑 세상에 내 선택은 아예 영역 밖으로 '밀려나 버린 선택'이기 때문입니다. 그렇게 되면 점점 내 주관은 힘을 잃고 맹목적으로 소비할 가능성이 높습니다.

　이쯤에서 온라인 쇼핑의 손익 계산서를 따져 봐야 합니다. 곰곰 생각해 보면 소비자는 일시적인 편리함을 누리고 이익은 해당 기업이 가져가는데 온라인 쇼핑의 폐해는 공동체 전체가 세대를 이어 가며 받습니다. 그렇다면 우리는 어떤 선택을 해야 할까요? 불현듯 무언가가 필요하다고 느낄 때 간절한 필요인지 만들어진 필요인지 살펴봐야 할 것 같아요. 이미 소비는 한계를 넘어섰으니까요. 한 가지 더, 새벽 배송에 가려진 고된 노동도 있지요. 왜 꼭 물건이 총알이나 로켓의 속도로 와야 할까요? 새벽 배송 때문에 누군가는 밤잠을 못 자고 물류 창고에서 물건을 포장해야 하고 또 누군가는 밤길을 달려 우리 집 닫힌 현관문 앞을 다녀갑니다. 산타는 일 년에 한 번으로 족하지 않을까요?

가창오리 30만 마리의 군무를 보고 있자면 이 세상에 가장 많은 조류는 가창오리일 것만 같은 착각에 빠집니다. 놀랍게도 지구에서 가장 많은 조류는 닭입니다. 제대로 창공을 날지도 못하는 닭이 어떻게 지구에서 가장 많은 조류가 됐을까요? 유엔식량농업기구FAO에 따르면 전 세계 닭 개체 수는 260억 마리에 달했습니다. 이 수치는 주로 전 세계 가축화된 닭의 총 수를 나타내며, 상업적 농장, 뒷마당 닭 무리, 기타 농업 환경에서 고기와 계란 생산을 위해 사육되는 종계parent stock chickens를 포함합니다. 2022년 기준으로 한 해에 전 세계에서 도축된 닭은 700억 마리가 넘었고 이는 소고기, 돼지고기, 양고기 등을 훨씬 능가합니다. 즉 80억 인구 1인당 한 해에 닭을 9마리 정도 먹는 셈입니다. 육식이 가능한 북반구로 좁혀 계산한다면 1인당 먹는 닭의 마릿수는 훨씬 증가합니다. 닭의 수난 시대라 해도 결코 과장이지 않은 시대에 살고 있습니다.

오존층에 뚫린 구멍을 발견해 1995년 노벨 화학상을 받은 네덜란드 대기 화학자 파울 크뤼첸Paul Crutzen은 2000년 멕시코에서 열린 기후 환경 관련 국제회의에서 인류세를 언급했습니다. 현재 지질 시대를 더 이상 홀로세가 아닌 인류세로 바꿔 불러야 한다는 크뤼첸의 언급 이후 인류세는 국제적인 유행어가 됐습니다. 인류는 대체 어떻게 지구 환경을 변화시켰기에 지질 시대 이름까지 인류세로 바꿔야 한다는 걸까요? 지질 시대마다 각 시대를 규정하는 명확한 단서들이 있습니다. 그렇다면 우리 시대를 규정짓는 단서는 뭘까요? 인류가 지층에 남길 단서로 방사성 핵종, 콘크리트, 플라스틱, 그리고 질소 비료가 등장하면서 엄청나게 많이 쓰인 질소를 꼽습니다. 그리고 한 가지 더, 영국 레스터대 지질학자인 캐리스 베넷을 비롯한 국제 연구진이 한 과학 저널에 밝힌 '닭 뼈'가 있습니다. 현재 우리가 가장 많이 먹는 동물 1위가 닭이기 때문입니다. 해마다 수백 억 마리 닭에서 나온 뼈가 매립지에 쌓이면서 화석이 될 가능성이 있습니다. 그리고 지금 우리가 먹는 닭은 야생 닭과는 크게 다릅니다. 1950년대 이후 빨리, 크게 자라도록 육종해 온 결과입니다. 보통 진화는 수백만 년에 걸쳐 서서히 이뤄지는데 불과 60~70년 만에 생물의 유전자까지 바꾸는 진화를 이뤘습니다, 인류가. 먼 훗날 인류보다 고등한 생물이 지구 지층에서 닭 뼈를 발견하면 그들은 닭의 진화 속도에 놀랄까요? 어쩌면 정말 지구 행성을 닭이 지배했다고 믿을지도 모를 일입니다.

닭은 좁은 케이지에 갇혀 24시간 훤히 불 밝힌 곳에서 밤낮없이 알을 낳습니다. 그러다가 알을 못 낳게 되면 폐계가 돼 닭장 바깥으로 밀려납니다. 그게 처음이자 마지막 외출입니다. 케이지에 갇힌 닭은 흙을 밟을 수 없으니 흙 목욕을 하며 깃털에 기생하는 진드기를 떼어 낼 수 없습니다. 할 수 없이 농가에서는 살충제를 뿌립니다. 동물의 본능과 습성을 억제하고 최소한의 복지나 배려도 없이 화학 물질을 뿌려 대는 환경에서 가축이 정상적으로 성장할 리 없습니다. 그리고 가축에게 뿌려 댄 살충제는 최종적으로 우리 몸에 쌓일 것입니다. 2017년 고병원성 조류 인플루엔자HPAI로 3,800만 마리에 가까운 닭이 살처분된 일이 있었습니다. 그 가운데 2,500만 마리 이상이 좁은 케이지에 갇혀 기계처럼 알을 낳던 산란계였습니다.

해마다 반복되는 고병원성 조류 인플루엔자와 구제역에 이어 2019년에 발병한 아프리카 돼지 열병ASF으로 돼지뿐만 아니라 야생에 살던 멧돼지까지 사살됐습니다. 생명이 살 수 있는 환경이 아닌 조밀한 공간에 대량으로 몰아넣고 오직 경제성만 따지다 병이 돌면 모조리 살처분해 버리는 이 악순환. 그런데도 우리가 호들갑 떠는 지점은 언제나 과정이 아니라 결과입니다. 생명의 존엄이 사라진 과정이 아니라 병을 옮기느냐 마느냐 하는 결과일 뿐이라는 거지요. 조류 인플루엔자나 구제역이 반복되고 먹을거리에 빨간불이 꺼지지 않는 이유입니다.

산 채 묻히는 생명의 숫자가 수백만 단위로 올라가도 고기 위주의 식단은 나날이 증가 일로에 있습니다. 양치질하는 3분 동안 소는 5마리, 돼지는 95마리가 대한민국 식탁에 오르기 위해 죽습니다. 한편 이러한 과잉 육식을 반성하며 대안을 찾는 이들도 조금씩 늘고 있습니다. 당장 채식으로 전환하기 어렵다면 육식을 줄여 나가는 방법을 택할 수도 있습니다. 가령 일주일에 하루는 육식을 하지 않으며 육식 위주 식습관에서 벗어나 보면 어떨까요?

비욘드미트Beyond Meat나 임파서블푸드Impossible Foods 같

은 대체육이 육식의 폐해를 해결할 구원 투수처럼 등장했습니다. 축산업에서 배출하는 온실가스를 줄이고 동물 복지에도 도움이 될 뿐만 아니라 식량난을 해결할 수 있고 건강에도 이롭다며 대체육을 환영하는 분위기입니다. 그러나 고기 맛은 나지만 가짜 고기이기 때문에 고기 맛을 내고자 다양한 첨가물이 들어갈 수 있다고 전문가들은 경고합니다. 이 역시 가공식품이라는 걸 명심해야 한다는 의견도 있습니다. 생명 공학 기술이 발전하면서 동물에서 추출한 줄기세포를 배양해서 만드는 배양육도 등장했습니다. 그러나 배양 시설을 유지하는 데에 들어가는 에너지가 상당하기 때문에 결코 환경에 도움이 되지 않는다는 의견이 있습니다. 배양육은 붉은 고기 색깔을 내는 물질이 일종의 유전자 변형 생물 GMO이기 때문에 논란의 불씨도 안고 있고요. 2013년에 영국 런던에서 배양육 버거가 공개되었어요. 이후 10년이 지난 2023년, 배양육 기업인 잇저스트Eat Just가 개발한 배양육이 싱가포르에서 세계 최초로 판매 허가를 받았지요.

요즘 청소년들도 비틀즈를 알고 폴 매카트니도 알더군요. 그런데 '고기 없는 월요일'을 아냐고 물으면 아는 사람이 별로 없어요. 폴 매카트니는 비틀즈 멤버로 활동하던 1972년부터 채식을 했다고 합니다. 최근 그는 환경 운동가, 동물권리 활동가, 채식주의자로 더 알려져 있는데요. 폴이 2009년 12월 코펜하겐 기후변화협약 당사국 총회 개막에 앞서 '고기 없는 월요일'을 세계인에게 제안했습니다. 고기 없는 월요일은 말 그대로 월요일에는 식단에 고기를 빼자, 그러니까 일주일에 하루는 육식을 멈추자는 뜻입니다. 폴 매카트니는 왜 이런 제안을 했을까요? 비윤리적으로 길러지고 도축되는 동물의 희생을 막고자 하는 까닭도 있을 테고, 인간 건강과 지구 환경을 위해서이기도 합니다. 육류는 심장병, 뇌졸중, 당뇨병, 비만 등의 원인이 되지만 무엇보다 온실가스 주요 배출원입니다. 유엔식량농업기구에 따르면 가축을 기르면서 배출되는 온실가스는 전체 온실가스의 15퍼센트가량 됩니다. 세계보건기구WHO 연구진이 컴퓨터 시뮬레이션을 해 본 결과 2050년까지 세계 모든 사람이 채식을 할 경우 식품 부문에서 온실가스 배출이 60퍼센트가량 감소하는 것으로 나왔습니다. 전 세계 35개국이 '고기 없는 월요일'에 참여하고 있고, 우리나라 역시 2010년부터 함께하고 있습니다. 다만 아직도 많이 알려지진 않은 것 같아요. 한국리서치가 2024년에 실시한 '채식·비거니즘 인식조사' 결과 만 18세 이상 성인 남녀 중 5퍼센트가 스스로를 '채식주의자'라고 밝혔어요. 또한 18퍼센트가 채식주의자까지는 아니지만, 채식을 지향한다고 밝혔습니다.

기후 문제가 급부상하고 육식이 기후에 미치는 영향이 알려지면서 곳곳에서 변화가 생기고 있긴 합니다. 우리나라의 경우 학교 급식에 채식 급식이 조금씩 자리를 잡아 가는 추세입니다. 전통적으로 육식을 많이 하고 소시지와 맥주로 유명한 독일은 1991년만 해도 1인당 육류 소비가 63킬로그램을 넘겼으나 2023년에는 51킬로그램으로 줄었어요. 현재 독일 인구의 약 10퍼센트는 고기를 먹지 않고 46퍼센트 정도 인구는 가능하다면 고기를 피하는 것으로 조사되었어요. 또 비건에 관심이 높아지면서 비건 투어까지 생겼다고 해요.

과잉 육식 문제를 해결하려면 육식, 채식을 따지기 전에 내가 먹는 음식에 대한 근원적인 사유가 필요할 것 같습니다. 내 미각을 우선할 건지 내 건강을 우선할 건지 조화로운 생명의 선물을 어떤 마음으로 대할 건지 성찰하는 일이 이 문제를 해결하는 첫걸음 아닐까요?

패션 잡지에서 사진이 사라졌습니다. 세계적인 록 밴드가 콘서트를 잠정 중단했습니다. 이유는 모두 환경 때문입니다.

〈보그 이탈리아〉 2020년 1월호는 표지를 비롯한 모든 사진이 일러스트로 대체됐습니다. 잡지 한 권을 만들면서 배출하는 탄소가 너무 많다는 반성에서 내린 결정이었습니다. 〈보그 이탈리아〉는 2019년 9월호를 작업하면서 150여 명이 비행기를 20차례, 기차를 12회 탔고, 자동차 40대와 국제 배송 60여 건을 이용했습니다. 사진을 찍느라 조명을 10시간 정도 켰고, 잡지 작업을 하면서 스텝들이 먹고 버린 음식물 쓰레기도 많았습니다. 〈보그 이탈리아〉 편집장은 홈페이지에다 이렇게 환경에 부담을 주는 많은 요인을 일일이 열거했습니다. 그러면서 2020년 1월호는 운송 영역을 비롯해 환경에 영향을 주는 요인을 최소화해 제작했으며, 옷 사진을 찍지 않고도 옷에 대해 말할 수 있다는 걸 보여 주고 싶었다고 했습니다. 〈보그 이탈리아〉는 이런 시도로 절감한 제작비를 몇 년째 홍수로 피해를 입고 있는 베네치아의 문화 복구에 쓰기로 했습니다.

콜드플레이는 2019년 11월, 콘서트가 환경에 미치는 영향을 고려해 콘서트를 잠정 중단한다고 밝혔습니다. 5개 대륙에서 112번 공연하는 동안 직원 109명, 트럭 32대, 운전기사 9명과 함께 다녔다고 합니다. 이들이 남긴 탄소 발자국은 계산조차 하기 어렵습니다. 물론 예술 활동으로 배출되는 탄소에까지 환경이라는 잣대를 들이대는 것에 모든 사람이 동의하는 건 아닙니다. 예술 영역마저 그런 시각으로 본다면 할 수 있는 예술이 뭐가 있느냐는 볼멘소리도 있습니다.

1989년 1월 1일은 우리나라 국민이 해외여행을 자유롭게 할 수 있게 된 첫날이었습니다. 2024년 12월 말 기준 우리나라를 찾은 외국인은 1,636만 9,629명이고 나라 밖으로 나간 내국인은 2,868만 6,435명입니다. 숫자로만 보면 인구의 반 이상이 해외에 다녀온 셈입니다. 해외여행 자유화가 시작된 1989년에 외국을 다녀온 내국인 수(121만 3,112명)와 비교해 보면 30년 동안 20배 이상 증가한 걸 알 수 있습니다. 세계 항공사들은 2006년에 20억 명, 2024년에는 약 47억 명의 여객을 수송했습니다. 2024년 기준으로 전 세계에는 약 29,000대 항공기가 운행됐으며, 2037년에는 48,540대로 증가하리라 예측합니다. 저비용 항공사LCC도 해외여행을 폭발적으로 늘리는 데에 크게 영향을 끼쳤습니다.

세계를 일일생활권으로 만들어 준 운송 수단은 비행기이지만 환경 측면에서는 불편한 진실이 있지요. 승객 한 명이 1킬로미터를 이동할 때 배출되는 이산화탄소를 비교해 보면 비행기는 285그램, 기차는 14그램으로 비행기가 기차보다 20배 많습니다. 더구나 비행기가 운행될 때 나오는 배기가스가 난기류를 형성하면서 대기 속 열을 가두는 것도 지구온난화에 영향을 미칩니다.

상황이 이런데도 빈 비행기가 하늘을 날기도 합니다. 흔히 유령 비행이라 불리는데요. 팬데믹 기간이던 2021~2022년 겨울 유럽 상공을 1만 대 이상의 비행기가 유령 비행을 했어요. 승객이 없어도 비행기를 띄우는 데에는 나름 이유가 있습니다. 항공사가 특정 공항에서 특정 날짜, 특정 시각에 운항 계획된 출발과 도착이 가능하도록 배정된 시간을 슬롯 Slot이라 하는데, 확보한 슬롯을 80퍼센트 이상 운항해야만 해요. 그래서 이 슬롯을 확보하기 위해 승객이 없어도 비행기를 띄웁니다. 슬롯은 승객이 몰리는 황금 시즌에 엄청난 자산 가치가 있기 때문이지요. 항공사 입장에서는 그게 결국 이득일지 몰라도 지구 전체로 보면 어마어마한 손해가 아닐 수 없습니다.

전 세계에서 항공 이용객이 늘고 있지만, 반대로 감소하는 곳도 있습니다. 2019년 스웨덴에 이어 독일도 항공기 이용객 수가 줄었습니다. 스웨덴 정부가 2019년 5월에 발표한 통계에 따르면 그해 1~4월 비행기 이용객은 2018년 같은 기간 대비 8퍼센트 줄었으며 특히 4월 한 달은 15퍼센트나 하락했어요. 이런 하락세는 비행기 여행을 반대하며 '비행기 여행의 부끄러움'을 뜻하는 플뤼그스캄flygskam이란 단어까지 낳은 운동과 관련이 깊어요. 2019년 독일 정부는 항공료에 세금을 올리고 기차 요금에는 세금을 내렸습니다. 오스트리아 정부는 철도망을 확충하고 항공 요금에는 세금을 더 붙이기로 했습니다. 2023년 5월부터 프랑스는 2시간 30분 이내에 기차로 이동 가능한 거리의 국내선 항공편 운항을 금지하는 법안이 시행되었어요. 유럽 여러 나라가 항공 정책에 손을 대는 건 비행기가 지구 온난화에 끼치는 영향이 상당하기 때문입니다.

〈보그 이탈리아〉나 콜드플레이의 선언적인 행동이 끼친 영향도 있고, 스웨덴 환경 운동가 그레타 툰베리가 비행기 대신 무동력 요트를 타고 대서양을 건너 미국으로 가면서 플뤼그스캄 운동에 불이 붙었습니다. 핀란드, 독일, 네덜란드 등에서도 플뤼그스캄과 뜻이 같은 단어●가 생겼습니다. 스웨덴 사람들은 한발 더 나아가 '기차 여행의 자부심'을 뜻하는 탁쉬크리트tagskryt라는 단어도 사용하기 시작했습니다. 어디든 마음대로 여행할 자유는 누구에게나 있습니다. 다만 내 자유가 우리 모두의 집인 지구에 부담이 된다면 그래서 인류 생존을 위협하는 데에 가세한다면, 그 자유를 누리는 방식에 대해 한 번쯤 재고해 봐야 합니다.

●　핀란드어로 렌토하페어(lentohapea), 독일어로 플루크샴(flugscham), 네덜란드어로 빌릭샴트(vliegschaamte)는 모두 '비행기 여행의 부끄러움'을 뜻하는 단어들입니다.

"기분 좋아요." "내가 왠지 근사한 사람이 된 것 같아요." "남들로부터 인정받았다는 느낌이 들죠."

SNS에 올린 자신의 게시물에 누군가가 '좋아요'를 누르면 어떤 기분이 드는지 묻는 질문에 청소년들이 주로 하는 대답들입니다. 청소년들이 SNS를 활발하게 하는 이유를 엿볼 수 있는 대목이기도 해요. 사실 청소년뿐 아니라 대부분 사람에게 내재된 욕망이 그대로 드러나는 것 같기도 합니다. 남들에게 근사해 보이고 싶고, 인정받고 싶은 욕구 말입니다. 내 생각이나 활동 등에 좋다고 반응을 보냈다는 그 자체가 인정받고 있다는 증거이며, 인정받으니 근사한 사람처럼 스스로를 느낀다는 얘기이고요. 또한 자신을 기분 좋게 하는 것을 계속하려는 욕망이 누구에게나 있게 마련이니까요. 그러니 '공감'이나 '찬성'보다 훨씬 감정적인 '좋아요' 버튼이 생긴 게 아닐까요? '좋아요' 아이콘은 '최고!'라고 할 때 쓰는 인류 공통의 보디랭귀지인 '엄지척'입니다. 세상에서 최고가 되고 싶은 욕망을 한껏 부추겨 줍니다. 문제는 이 '좋아요' 버튼의 효력이 오래가지 않는다는 사실입니다. 끊임없이 누군가로부터 '좋아요'를 얻어 내기 위해서는 지속적으로 내 활동을 그것도 근사해 보이도록 사진을 찍고 호감이 갈 만한 장소를 찾아야 하고, 유행하는 가방이며 신발을 구입해야 하고, 맛집으로 소문난 곳에 줄을 서서 먹어야 해요. 그리고 그 모든 활동을 반드시 사진으로 남기는 것도 잊지 말아야 하고요. 사실 '좋아요' 버튼 하나하나에 사람들의 진심 어린 인정이나 존경의 마음이 담겼을 리 없다는 것쯤은 대부분 알지요. 그럼에도 불구하고 왜 그토록 '좋아요'에 집착을 하는 걸까요?

기후 문제에 관심이 있는 사람이라면 그레타 툰베리를 모르기는 어려울 겁니다. 툰베리를 전 세계적인 셀럽으로 만들어 준 게 한 장의 사진이었어요. 스웨덴 국회 앞에서 일인 시위를 벌이던 툰베리를 찍은 사진이 SNS에 업로드되면서 전 세계로 퍼져 나갔고 툰베리는 순식간에 세계적인 셀럽이 되었어요. 미사여구를 곁들인 그 어떤 말보다 효과가 빠른 건 강렬한 이미지입니다. 전 세계 수많은 사람이 학교를 결석하면서까지 기후를 위해 일인 시위를 하는 장면을 보면서 기후 문제에 관심을 갖게 되었어요. 이후에도 사람들은 툰베리가 뉴욕 기후정상회의에 참석해서 트럼프를 째려보는 장면에 열광했고 트위터며 페이스북에 올라온 동영상과 사진에 수많은 '좋아요'를 눌렀을 겁니다. 여전히 툰베리의 활약은 대단합니다. 그의 진정성을 의심하는 건 아니에요. 다만 대단히 아이러니한 것은 전 세계 많은 이들이 기후 문제에 관심을 갖게 된 것도, 툰베리의 일인 시위를 알게 된 것도 모두가 발전한 디지털화된 네트워크 덕분입니다. 아이러니하다고 표현한 까닭은 디지털 산업이 가져올 기후 위기를 포함한 환경 문제 때문이지요.

스마트폰으로 연결된 세상을 살아가는 우리가 간과하기 쉬운 것 중 하나가 스마트폰 뒤에 가려진 것들입니다. 스마트폰으로 주고받는 수많은 정보는 허공을 떠돌다 우리에게 얻어걸리는 게 아니잖아요? 데이터 센터는 디지털 시대의 공장이라 불립니다. 스마트폰으로 무엇을 하든 일단 데이터 센터와 연결되어야 비로소 제 기능을 합니다. 치킨을 주문하려고 해도, SNS를 할 때도, 기차표를 예매할 때도 말이지요. 그러나 우리가 생활하는 공간 가까이에서 데이터 센터를 만날 일은 사실 별로 없어요. 기껏해야 우리가 확인할 수 있는 건 공유기 정도입니다. 그러다 데이터 센터의 존재감을 진하게 경험한 적이 두 번 있었습니다. 한번은 2022년에 카카오 데이터 센터에 화재가 발생하면서 카카오톡뿐 아니라 관련 포털사이트인 다음도, 카카오내비도, 카카오T맵도 접속이 되지 않아 혼란이 벌어졌지요. 2025년에는 국가정보자원관리원 데이터 센터에 화재가 발생하면서 정부 관련 서비스들이 줄줄이 멈춰 서는 일이 벌어졌던 겁니다. 스마트폰 한 대만 있으면 그 무엇이라도 다 가능할 것만 같았는데, 데이터 센터 한 곳에 화재가 발생하자 전국이 아수라장이 되는 일을 두 번이나 겪었어요.

데이터 센터는 말 그대로 사용자의 온갖 데이터를 저장하는 곳입니다. 건물을 짓기 위해 콘크리트, 강철 등 건설을 위한 여러 재료가 필요할 뿐 아니라 통신망을 깔기 위해서는 광섬유, 구리 선 등이 필요할 테고요. 내 포스팅에 누군가가 '좋아요'를 남기기 위해서는 근처 공유기를 거쳐 통신망을 따라 데이터 센터까지 가는 여정이 필요합니다. 바로 곁에 있는 지인의 SNS에 '좋아요'를 눌러도 저 멀리 있는 데이터 센터를 다녀와야 비로소 내 마음이 전달된다는 얘기지요. '좋아요'를 누르는 매 순간 우리는 이 거대한 인프라를 작동시키고 있는 거고요. 그리고 이 모든 과정에 전기에너지는 필수입니다. 2024년 기준으로 전 세계 데이터 센터 전력 소비는 약 415테라와트시이고 2030년이면 945테라와트시까지 증가할 것으로 국제에너지기구IEA는 보고 있어요. 2024년 기준 우리나라 연간 전력 소비량이 595.6테라와트시인 걸 감안해 보면, 전 세계 데이터 센터에서 소비하는 전력량이 어느 정도인지 가늠이 되지요? 그러니 '좋아요'가 정말 좋은 것인지 고개가 갸우뚱해질 수밖에 없습니다.

누군가에게 인정받고 싶고 근사해 보이고 싶은 욕망은 이해하지만 그런 욕망을 충족시키기 위해 작동시켜야 할 인프라는 너무나 거대하고 전력 소비에 따른 탄소 배출 역시 불편하기만 합니다. 곰곰 생각해 보면 사실 '좋아요'가 나를 근사하게 해 주는 것도, 인정받게 하는 것도 아니라는 걸 알 수 있어요. 아무리 많은 '좋아요'를 받는다고 해도 내가 나를 인정해 주지 않는다면 무슨 의미가 있을까요? 우리가 '좋아요'를 가장 많이 보내야 할 곳은 어디일까요, 누구일까요?

2장

우리 집의 작은 습관이 변화를 만들 수 있을까?

우리는 매주
신용카드를 먹는다

신용카드를 사용한 지는 꽤 오래되었지만 미세 플라스틱 관련 뉴스를 읽다가 처음으로 무게를 알게 되었어요. 세계자연기금WWF과 호주 뉴캐슬대 공동 연구에 따르면 우리는 일주일에 미세 플라스틱을 약 5그램 섭취하는데, 바로 신용카드 한 장 무게입니다. 한 달이면 미세 플라스틱을 칫솔 하나 무게인 21그램 정도 섭취하는 셈입니다. 이 뉴스는 신용카드 무게의 천만 배쯤 충격이었습니다. 조개류, 소금, 맥주 등도 미세 플라스틱 농도가 높았고, 우리나라 모든 염전은 이미 미세 플라스틱에 오염됐습니다. 심지어 생수에서도 미세 플라스틱이 검출되었는데, 이 말은 지하수까지 미세 플라스틱에서 자유롭지 못하다는 뜻으로 읽힙니다.

우리나라 하수 처리 시설은 상당한 수준입니다. 그러나 워낙 크기가 작은 미세 플라스틱은 정수 처리장에서도 다 걸러지지가 않습니다. 1퍼센트 정도의 미세 플라스틱은 바다로 흘러갈 수밖에 없는데 이 정도 양이라 해도 워낙 많은 하수가 바다로 흘러들어 가다 보니 결코 적은 양일 수 없습니다. 우리나라는 화장품에 들어가는 미세 플라스틱을 법으로 금지했지만 여전히 의약품이나 세제에 들어가는 미세 플라스틱에 대한 규제는 없습니다.● 자동차 타이어가 도로에 마모되면서 생기는 분진도 미세 플라스틱이 됩니다. 건물 외벽에 칠하는 페인트 조각도, 담배꽁초 필터 성분인 셀룰로오스 아세테이트도 미세 플라스틱이 됩니다.

해양 미세 플라스틱은 우리의 먹을거리와 가깝게 연결됩니다. 그렇다면 어디서 해양으로 미세 플라스틱을 가장 많이 배출할까요? 빨래입니다, 놀랍게도! 천연 섬유가 아닌 합성 섬유를 세탁할 때 가장 많이 나옵니다. 세계자연보전연맹IUCN이 추산한 바로는 전 세계 미세 플라스틱 오염의 35퍼센트는 합성 섬유 세탁 과정에서 발생합니다. 실제 '플

● 매년 화장품에 의도적으로 첨가하는 미세 플라스틱의 양은 8,700톤 정도로 추정되며, 유럽연합(EU)은 2027년부터 물로 씻어 내야 하는 화장품(rinse-off)의 미세 플라스틱 의도적 사용에 대해 제한을 둘 예정입니다.

로리다 미세 플라스틱 캠페인'을 진행한 결과, 미국 전역에서 모은 950개 샘플에서 검출된 미세 플라스틱 가운데 83퍼센트가 섬유에서 나온 것으로 밝혀졌습니다. 국내 한 방송사가 합성 섬유에서 미세 플라스틱이 나오는 양을 알아보려 한국분석과학연구소KIAST에 의뢰해 세탁기 폐수를 분석해 봤습니다. 결과는 옷 1.5킬로그램을 빨고 난 폐수에서 미세 플라스틱이 0.1346그램 검출됐습니다. 이 결과를 우리나라 평균 세탁량에 대입해 보면 옷에서만 일 년에 1,000톤이 넘는 미세 플라스틱이 배출된다는 뜻입니다.

특히 우려스러운 건 100마이크로미터 이하가 78퍼센트로, 이 크기는 사람이 섭취했을 때 림프액과 간문맥까지 흡수될 수 있습니다. 국내산 담치와 바지락에서도 섬유형 미세 플라스틱이 검출됐습니다. 의류 플라스틱을 연구하는 호주 뉴사우스웨일스대 마크 브라운 교수에 따르면 조개류에서 발견되는 미세 플라스틱은 위에서 근육, 조직으로 옮겨 갈 수 있다고 합니다. 미세 플라스틱은 그 자체로도 문제지만 세균이나 오염 물질 등을 축적한다는 게 더 큰 문제입니다.

그럼 아예 빨래를 하지 말아야 할까요? 미세 플라스틱을 덜 배출할 세탁 방법은 없을까요? 가장 좋은 방법은 세탁기에 필터를 부착해서 미세 플라스틱을 걸러 내는 거죠. 정수기처럼요. 그리고 세탁과 탈수 시간을 줄이면 됩니다. 섬유가 마찰할 때 미세 플라스틱이 더 많이 나오기 때문입니다. 또 물 온도가 높을수록 미세 플라스틱이 더 많이 나오니 낮은 온도에서 세탁하는 게 좋습니다. 가능하면 액체 세탁 세제를 사용하고, 가루 세제가 있다면 따뜻한 물에 녹여서 사용합니다. 가루와 원단이 마찰을 일으키면 미세 플라스틱이 더 많이 나오거든요. 그리고 빨래를 모아 빠는 것도 방법입니다. 빨래가 많으면 마찰 강도가 약해져 미세 플라스틱이 덜 나옵니다. 혹시 이러면 빨래가 제대로 빨리지 않을까 봐 걱정되시나요? 옷을 깨끗하게 빠는 것보다 내 몸에 들어오는 미세 플라스틱을 줄이는 게 더 깨끗한 일이라고 생각해 보면 어떨까요? 한발 더 나아가 세탁을 너무 자주 하지 않는 것도 좋겠습니다. 미세 플라스틱은 세탁 횟수에 비례해서 늘어나니까요. 일주일에 신용카드 한 장 무게만큼 미세 플라스틱을 섭취하고 있고 그 미세 플라스틱에 붙어 함께 내 몸에 들어올지도 모를 세균과 오염 물질을 생각한다면, 빨래 좀 덜 하고 사는 것쯤이야 더럽다고 할 수도 없겠지요.

미세 플라스틱이 우리 몸으로 들어오는 또 다른 경로는 해양 플라스틱 쓰레기입니다. 유엔환경계획UNEP에 따르면

2024년 한 해에 바다에 버려진 플라스틱은 1,900~2,300만 톤에 이릅니다. 이 속도라면 2050년쯤이면 바다에는 물고기보다 플라스틱이 더 많아질 수 있어요. 우리나라도 연안 미세 플라스틱 농도가 상당합니다. 2018년 해양수산부 연구 보고서에 따르면 국내 해양 쓰레기 유입량은 14만 5,258톤으로 추정합니다. 이 가운데 육지에서 유입된 것이 65.3퍼센트나 됩니다.

2020년 여름에 쏟아진 집중 호우로 전라남도 목포항은 쓰레기 몸살을 겪었습니다. 영산강 하굿둑 수문을 열어 목포항 앞바다로 방류하면서 영산강에서 떠밀려 온 육지 쓰레기 더미가 목포항을 뒤덮었거든요. 목포항 근처 해안 2킬로미터 구간에는 너비 100~200미터에 면적이 대략 10만 제곱미터인 쓰레기 띠가 만들어졌어요. 목포 해양수산청이 해양 쓰레기 수거 선박인 청항선과 관리선 4척, 해경 경비정 7척 등으로 쓰레기 수거에 나섰습니다. 쓰레기가 더 넓게 퍼지는 걸 방지하고자 1,000미터에 이르는 확산 방지 차단막을 다 쳐 놓을 정도였다고 해요. 사흘 동안 치운 쓰레기가 260톤을 넘어 한꺼번에 처리할 수도 없었습니다.

육지에서 유입된 해양 플라스틱 쓰레기는 곧 미세 플라스틱으로 이어지고, 이는 다시 우리 몸속으로 들어옵니다. 결국 미세 플라스틱을 줄이려면 플라스틱 제품 생산 부분에 있어 혁신적인 변화가 필요해 보입니다.

인류뿐 아니라 지구에 가장 파괴적인 오염원 중 하나인 플라스틱의 생산량을 조절하는 것 말고 플라스틱 오염으로부터 벗어날 방법은 사실상 없어요. 생산량을 조절하려면 국제 조약이 절실합니다. 2022년 나이로비에서 열린 유엔환경총회UNEA에서 플라스틱 오염 종식을 위한 결의안이 만장일치로 채택되었어요. 그러나 2024년 부산에서 열린 제5차 정부간협상위원회가 최종 합의를 이루지 못한 채 종료했고, 마지막 기회였던 2025년 국제 협상 역시 합의에 이르지 못했어요. 국제 조약을 체결하기 위한 협상 테이블마다 플라스틱 이해관계자인 화석 연료와 석유 화학 로비스트들의 활약이 대단했다고 합니다. 플라스틱 오염이 인류의 종말을 선언하기 전에 이 오염을 멈출 수 있도록 국제 협상이 타결되려면 로비스트의 활약을 능가할 전 세계 시민들의 활약이 필요하지 않을까요?

건조기, 빨래가 햇볕을 만날 권리를 박탈하다

미국 여러 주에서는 실외에 빨래를 널어 말리는 행위를 제한하거나 금지하고 있어요. 미관을 해치고 부동산 가치를 하락시킨다는 이유입니다. 빨랫줄이 빈곤의 이미지를 투사하고 지역 사회의 통일된 모습을 손상시킨다는 주장도 합니다. 그렇다면 빨래를 어떻게 말리냐고요? 햇볕 대신 건조기가 말려 줍니다. 정확히는 전기에너지가 말려 주는 거죠. 이제 우리나라도 건조기는 익숙한 가전이 되었어요. 2차 세계대전 이후 전기 및 가스 건조기가 널리 보급되면서 빨랫줄은 시대에 뒤떨어진 것으로 여겨지기 시작했습니다. 빨래를 너는 행위가 사생활 침해의 소지가 있다면서 주민들이 개인 의류를 공개적으로 전시하는 것이 부적절하다는 일부 주장도 있고, 빨래를 너는 행위가 안전에 잠재적으로 위험이 될 수 있다며 빨랫줄 사용을 제한하고 있지요. 빨랫줄이 사생활 침해라면 우편함이나 택배 역시 사생활 침해가 될 수 있지 않을까요? 빨랫줄이 안전에 위험이 된다면 발코니에는 어떤 물건도 두면 안 될 것 같아요. 결국 빨랫줄을 금지하고자 하는 근거는 마케팅의 설득일 따름입니다.

한국갤럽 조사 결과에 따르면 2023년 국내 의류 건조기 보급률은 35퍼센트로, 10가구 중 3가구 정도가 이미 건조기를 보유하고 있는 걸로 나옵니다. 2020년 여름에 54일 동안 비가 내렸고 이젠 장마라는 말이 무색할 정도로 불규칙적으로 비가 오래도록 내리며 점점 아열대기후로 바뀌는 중입니다. 높은 습도가 오랜 시간 지속되면서 제습기 수요와 함께 건조기는 매력적인 가전제품이 되었어요. 더구나 건조기는 빨랫줄에 너는 수고로움까지 덜어 주니 가사 노동의 상당 부분을 줄여 주는 건 부정할 수 없는 사실입니다. 세상의 이치에는 명암이 동시에 존재하는 법이지요. 건조기 사용법에는 옷이 줄어들 수 있다는 점을 거듭 강조하고 있습니다. 의류 라벨에도 건조기 사용을 제한한다는 문구가 있고요. 건조기가 의류를 손상시킬 확률이 높은 건 분명한 것 같습니다. 이것 말고 또 어떤 단점이 있을까요?

앞서 언급했듯이 세탁기는 해양으로 미세 플라스틱을 배출하는 주요한 통로입니다. 특히 폴리에스터를 비롯한 합성 섬유는 세탁 과정에서 마찰로 미세한 보풀●이 떨어져 나오는데 일종의 미세 플라스틱입니다. 엘런맥아더재단Ellen MacArthur Foundation이 2017년에 내놓은 보고서에 따르면 2050년에 이르면 세탁을 통해 자연에 배출될 미세한 보풀이 연간 7만 톤에 이를 것이라고 해요. 4억 벌의 폴리에스터 티셔츠를 바다에 버리는 것과 같은 양이라고 합니다. 이 문제를 해결하려 프랑스에서는 이런 미세 보풀을 거르는 필터를 세탁기에 장착하는 걸 의무화했어요. 건조기는 건조 과정에서 의류에 가해지는 마찰열로 미세 보풀이 세탁기에 비해 1.4~40배 더 발생하는 걸로 나옵니다. 뿐만 아니라 통풍용 배관이 있는 건조기의 경우 미세 보풀이 공기 중으로 배출됩니다. 홍콩시립대와 캐나다 서스캐처원대가 공동으로 실험한 연구 결과●에 따르면 건조기에서 세탁기보다 최대 40배나 많은 미세 보풀이 공기 중으로 배출될 수 있다고 해요.

● microfiber, 책에서는 미세한 보풀 또는 미세 보풀로 표기했는데 극세사, 초미세섬유로도 표현하며 일종의 미세 플라스틱입니다.

● 미국화학회가 발행하는 국제 학술지 〈환경과학과 기술 회보(Environmental Science & Technology Letters)〉에 발표

2025년에 국내 연구진*이 발표한 내용을 보면 스티로폼 등 일회용 용기의 재료로 쓰이는 폴리스타이렌PS의 미세 플라스틱이 공기 중에 떠다니다 인체에 흡입될 경우 천식과 유사한 호흡기 질환을 유발할 수 있다고 합니다. 초미세섬유가 다시 우리 몸으로 되돌아오는 문제가 심각합니다. 이런 미세한 입자들이 오염 물질을 축적하는 특성으로 인해 오염 물질이 결국 체내에 축적되는 걸 가속화시킬 수 있다는 얘기지요. 건조기는 세탁량이나 온도 등에 따라 차이는 있지만 세탁기에 비해 전력을 6~8배 정도 더 소비하는 걸로 추정하고 있어요. 결국 미세 플라스틱을 대기 중으로 퍼뜨리고 전력 소비를 증가시키고 의류가 손상될 확률까지 높은 건조기 사용이 우리에게 가져다줄 이해득실을 따져 봐야 하지 않을까요?

발전의 의미를 곱씹어 봅니다. 더 많은 오염 물질과 더 많은 에너지를 소비하면서도 노동으로부터 해방되는 것이 과연 발전인지 묻고 싶습니다. 기후 변동성으로 빨래 건조가 쉽지 않은 건 사실입니다. 그렇다고 건조기를 들여놓는 건

* 국가독성과학연구소 호흡기안전연구센터 이규홍·우종환 연구원팀과 전북대 생체안전성연구소 김범석 교수팀의 실험동물과 인체 세포를 이용한 실험

기후 변동성을 더 키우고 기후를 더욱 악화시키는 일에 일조하는 일이 아닐까요? 건조기에 익숙해진 삶의 습관 때문에 우리는 빨래가 햇볕을 만날 수 있는 날조차 건조기의 유혹을 벗어던지기가 쉽지 않을 겁니다. 볕에 바싹 말린 빨래에서 나는 햇빛 냄새를 좋아하는 저로서는 건조기의 유혹쯤이야 거뜬히 넘길 수 있을 것 같아요. 비가 오래도록 내리는 날에 어떻게 빨래를 말릴지는 사실 자신이 없기도 합니다. 그럼에도 기후 변동성을 증폭시키고 악화시키는 일에 동참하고 싶지는 않습니다. 비가 내리는 동안은 여름이어도 생각보다 온도가 높지는 않아요. 이럴 때는 가능하면 빨래를 최소화하는 건 어떨까요? 천연 탈취제를 뿌리면 여름옷도 며칠 입는 일이 가능합니다. 우리 모두 조금 더럽게 살아 보면 어때요? 우주여행을 진일보시키느라 지불하는 엄청난 비용을 옷감을 망가뜨리지 않고, 소비 전력을 최소화하면서 미세 보풀마저 생기지 않는 그런 기술을 개발하는 데 사용하는 건 어때요? 혹시 좋은 아이디어가 있다면 공유해 주시렵니까?

빈 병,
재활용할까 재사용할까?

제가 사는 아파트에서는 매주 수요일 오후부터 목요일 오전까지 재활용품을 분리배출합니다. 대체로 수요일 저녁에는 우리 집 분리배출을 담당하는 작은아이가 학교에서 돌아오자마자 모아 놓은 재활용품을 들고 나섭니다. 먹고 마시느라 남긴 쓰레기도 있지만 대부분이 물건을 사면서 생긴 포장재입니다. 택배가 있었던 주에는 양이 부쩍 늘어납니다. 집 안에서부터 플라스틱, 빈 유리병, 알루미늄, 비닐, 종이를 따로 분류해 모으기 때문에 어떤 게 유난히 많은지가 눈에 띕니다. 대체로 비닐, 플라스틱, 종이 순서입니다. 집에 손님이 오거나 식구들이 모두 모여 저녁을 먹는 날에 맥주라도 곁들이면 빈 병이 꽤 나오는데, 마트로 가져가 환불받는 게 귀찮아 재활용 분리배출할 때 슬쩍 함께 버리고는 했습니다. 그러다 안 되겠다 싶어 어느 날부터 빈 병만 따로 모았습니다. 모인 맥주병 7개를 들고 처음으로 동네 슈퍼에 갔습니다. 아파트 바로 앞에 있는 규모가 작은 슈퍼는 빈 병을 받지 않는다고 했습니다. 분명 빈 용기 보증금 제도가 있는데 거부하니 이상했습니다. 다른 곳에서 한 번 더 시도해 보기로 하고 대형 마트로 갔습니다. 그렇게 처음 빈 병을 돌려주고 받은 돈이 910원이었습니다.

보증금 제도로 모이는 빈 병은 재활용이 아니라 재사용해야 합니다. 빈 병을 재활용할 때는 병을 녹여서 새로 만듭니다. 원료를 재활용하는 측면은 있으나 여러 공정을 거치는 데에 여전히 에너지가 듭니다. 반면 빈 병 재사용은 병을 제조하는 데에 들어가는 여러 과정을 생략하고 세척 단계만 거치기 때문에 에너지 소비를 대폭 줄일 수 있습니다.

국내 한 생협생활 협동조합에서는 빈 병 이어달리기라는 이름으로 빈 병을 재사용하고 있습니다. 그러면서 동참하는 조합원들에게 몇 가지를 당부했습니다. 일단 사용한 빈 병은 곧바로 병 내부를 물로 한번 헹구는 게 중요합니다. 시간이 지나 내용물이 말라붙은 다음에 씻으려고 하면 바로 씻는 것보다 에너지가 최대 9배 더 들어가며, 내용물을 방치할 경우 미생물이 번식해서 재사용하지 못할 수도 있기 때문입니다. 그리고 깨끗이 씻은 빈 병에 이물질이 들어가지 않도록 가능하면 뚜껑을 닫는 게 좋습니다. 아울러 각 가정에서 이런 방법으로 빈 병을 관리하고, 정부 해당 부처에서 재사용 업체를 더욱 철저히 관리, 감독한다면 병 속 이물질 발생도 많이 줄어들 것입니다.

빈 용기 보증금을 나타내는 마크가 붙은 병을 들고 마트에 가서 교환해 본 적 있나요? 제가 사는 동네 마트에는 빈 병 무인 회수기가 있어요. 모은 병을 들고 가서 바코드를 찍으면 반환한 빈 병 개수와 보증금이 적힌 영수증이 출력됩니다. 그걸 들고 계산대에 가서 현금으로 돌려받아요. 이 돈은 보너스일까요? 보증금은 물건을 살 때 미리 용깃값을 지불하고, 나중에 돈을 돌려받는 거예요. 현재 우리나라에서는 맥주와 소주병에만 빈 용기 보증금 제도를 시행하고 있어요. 왜 음료병이나 생수병에는 없을까요? 알루미늄 캔은요? 알루미늄은 원료인 보크사이트bauxite를 채굴한 뒤 여러 공정을 거쳐 만드는데요. 이 과정에서 생태계 파괴는 말할 것도 없고 무척 많은 에너지가 소비됩니다. 만약 재활용이 온전하게 이루어진다면 새로운 원료를 채굴하느라 자연 생태계가 망가지는 범위도 줄일 수 있고, 원료를 운반하거나 여러 공정에 사용되는 에너지도 많이 줄일 수 있을 겁니다.

　독일은 유리병뿐만 아니라 페트병과 캔에도 보증금 제도를 적용하고 있어요. 바로 보증금이라는 뜻의 판트Pfand입니다. 판트는 재활용을 장려하고 폐기물을 줄이기 위해 고안된 보증금 반환 제도입니다. 독일은 2000년 이전부터 다회용 용기, 즉 재사용 가능한 병에 대한 보증금 제도를 시행하고 있었어요. 그러다가 2003년 1월부터 쓰레기를 줄이고 재활용률을 높이기 위해 일회용 음료 용기도 보증금 제도에 포함합니다. 대부분 미리 용깃값을 지불하고 음료를 사기 때문에 여러 병을 살 경우 보증금 또한 만만치 않은 금액이어서 반환이 잘될 수밖에 없어요. 또한 이 제도를 통해 쓰레기를 줄이고 자원 재활용이 잘 이루어지니 일석 몇 조인가요? 재사용이 가능한 병의 경우 종종 유리 또는 두꺼운 플라스틱으로 만들어요. 세척, 살균 과정을 거쳐서 유리는 최대 50회, 플라스틱은 최대 20회 재사용합니다.

　전 세계에서 독일이 가장 높은 재활용률을 자랑하는 건 바로 이런 판트 같은 제도 덕분입니다. 판트 병의 98퍼센트 이상이 반환되거든요. 이렇게 높은 보증금 반환 제도가 시행될 수 있도록 전국에 있는 무인 회수기 4만 대가 원활하게 운영되기 때문에 누구나 편리하게 이용할 수 있어요. 베를린에는 돈을 벌기 위해 빈 병을 모으는 이들도 있어요. 그런 사람들을 위해 쓰레기통 아래에 빈 병을 두는 센스가 발휘된 장면을 만나기도 해요. 쓰레기통을 뒤지는 수고로움을 덜어 주려는 마음이 느껴졌어요. 반면 우리나라는 자원순환보증금관리센터가 운영하는 무인 회수기가 약 200대뿐입니다. 그것도 술병에 한해서만 보증금 제도가 운영되고 있고요. 재활용률을 높이기 위해서 우리나라의 제도가 어떻게 개선되어야 하는지 이미 롤 모델이 있지요? 우리들의 목소리가 필요할 것 같아요.

빈 병 하나를 깨끗이 갈무리해서 재사용하면 이산화탄소가 300그램 정도 덜 발생합니다. 이것은 컴퓨터 모니터를 10시간 켜 놓거나 청소기를 1시간 30분 돌렸을 때 발생하는 양과 같으며, 소나무 묘목 한 그루를 심는 효과와 맞먹습니다. 약간의 번거로움만 치르면 소나무 묘목 한 그루를 심는다는데 그 번거로움을 마다할 이유가 있을까요?

　　씹던 껌을 모아 장화를 만들고 소방 호스가 핸드백이 됩니다. 마법사가 나오는 판타지 세상 속 이야기가 아니라 우리가 사는 세상에 실재하는 이야기입니다. 쓰레기통으로 들어갈 처지에 놓인 폐품에 디자인 또는 활용도를 덧대어 가치를 높인 새 제품으로 만드는 걸 업사이클링이라고 합니다. 소비하고 폐기하는 데에서 끝나 한쪽으로만 향하던 화살표를 살짝 구부려 순환시키자는 움직임이 일기 시작한 지도 꽤 돼 지금은 반짝이는 업사이클링 아이디어가 많습니다.

　　플라스틱 소재를 연구하던 어느 영국 대학원생은 길거리에 붙은 껌을 보고서 껌 쓰레기통인 껌드롭gumdrop을 만들어 거리 곳곳에 설치했습니다. 이 분홍색 껌 쓰레기통이 가득 차면 수거해서 새로운 껌드롭이나 장화, 휴대폰 커버, 포장재, 머리빗, 운동화 밑창 등의 제품을 만듭니다. 우리나라에도 다양한 업사이클링 사례가 있습니다. 1인 기업 브랜드 리브리스는 버려진 자전거와 안 쓰는 시계에서 나온 부품을 조합해 세상에 하나밖에 없는 시계를 만듭니다. 폐현수막을 활용해 가방 등 여러 소품을 만드는 사회적 기업으로 유명한 터치포굿은 안 쓰는 립스틱으로 크레용을 만드는 등 다양한 업사이클링 아이디어로 폐기물을 순환시키고 있습니다. 소방관의 권리 보장을 위해 등장한 업사이클링 패션 브랜드가 있어요. 그것도 현장에서 사용하는 소방 호스, 방화복 등으로 카드 지갑, 가방 등을 만들어 영업 이익의 절반을 기부하는 119REO입니다. REO는 Rescue Each Other의 초성을 따서 만든 것으로, '소방관과 우리, 서로가 서로를 구하다'라는 의미를 지니고 있다고 해요. 119REO의 탄생에는 지금은 세상을 떠난 한 소방관의 이야기가 있어요. 화재 출동과 구조 활동을 천 회 이상 한 김범석 소방관이 희귀암으로 세상을 떠났는데요. 원인이 분명하지 않아 공무상 재해로 보기 어렵게 되자 이런 안타까운 문제를 알리고 도움을 전하고자 만들어진 업사이클링 브랜드가 바로 119REO입니다.

엘비스앤크레스Elvis & Kresse는 영국 소방청에서 못 쓰게 된 소방 호스를 공급받아 가공해서 가방, 벨트, 지갑, 방수 주머니 같은 제품을 만드는 영국 회사입니다. 물건을 팔아 벌어들인 돈 일부를 소방청에 기부하며, 기부금은 부상당한 소방관을 치료하거나 순직한 소방관 유족을 위한 심리 치료 지원 등에 쓰입니다. 소방관이 쓰던 호스로 소방관을 돕는 일을 하니 자원 재활용뿐만 아니라 기부 문화로도 이어지는 일석이조 아이디어입니다. 프라이탁FREITAG 가방은 청년들에게 힙한 아이템입니다. 가격도 결코 싸지 않습니다. 그런데 프라이탁을 모르는 사람이 그 가방을 본다면 다 낡아 버려야 할 것 같은 가방을 왜 메고 다닐까 오히려 안쓰럽게 생각할 수도 있습니다. 스위스 디자이너 마커스와 다니엘 프라이탁 형제는 비 오는 날에도 안심하고 들고 다닐 수 있는 가방이 필요했습니다. 이들의 이동 수단이 자전거였기 때문입니다. 어느 비 오는 날, 형제의 눈에 달리는 화물차의 화물칸을 덮은 방수포가 눈에 띄었고, 버려지는 방수포로 가방을 만들었습니다. 프라이탁의 시작은 이랬습니다.

쓰레기가 될 뻔했던 소방 호스며 화물차 방수포 등이 다시 살아나 쓰일 수 있었던 건 창의적인 아이디어 덕분입니다. 또 하나, 업사이클링 브랜드의 공통점은 세상에 하나밖에 없는 물건을 만든다는 점입니다. 낡은 소방 호스나 방수 포 등은 어딘가에 얼룩이 묻고 글자가 새겨져 있고 구김이 있을 거예요. 다른 용도로 쓰이던 물건이 재료가 됐으니 당연합니다. 그런데 디자이너는 이 점을 충분히 활용해 하나뿐인 레어템rare item으로 만들었습니다. 디자인과 실용성을 모두 갖춘 데다 쓰레기가 될 뻔했는데 새 물건이 돼 지구에 부담까지 덜 주니, 특히 프라이탁 같은 업사이클링 제품은 개념 있는 청년들이 좋아할 만한 조건을 두루 갖췄지요.

독일은 천연자원 빈국입니다. 그래서 폐기물을 매우 중요한 자원으로 여깁니다. 이 말을 곱씹어 볼 필요가 있습니다. 우리나라 역시 독일과 사정이 다르지 않습니다. 천연자원이 부족해 광물 자원의 90퍼센트, 에너지의 95퍼센트 이상을 수입하기 때문입니다. 2024년 기준, 우리나라 한 해 원자재 수입액은 약 3,083억 달러입니다. 하루에 1.2조 원 이상을 수입하는 셈입니다. 이렇게 비싸게 수입된 자원은 소비된 뒤 폐기물로서 매립되거나 소각되며, 그 양이 연간 2,278만 톤에 이릅니다.

환경부와 한국폐기물협회는 이처럼 자원 낭비로 발생하는 문제를 알리고 해결하고자 9월 6일을 '자원순환의 날'로 지정했습니다. 9와 6은 거꾸로 해도 모양이 같아 순환을 의미합니다. 독일처럼 폐기물을 자원으로 여기고, 앞서 예로 든 업사이클링을 포함해 다양한 활용법을 궁리한다면 여러 측면에서 이득이 많을 겁니다. 재활용이나 재사용은 원료를 채굴하는 것에 비해 엄청난 에너지를 절약할 수 있으니 탄소 배출도 자연스레 줄일 수 있습니다. 한국폐기물협회가 발표한 폐기물 처리 현황에 따르면 2023년 폐기물 처리 방법 중 재활용이 86퍼센트이며 매립률은 5퍼센트로 전년 대비 0.1퍼센트 감소했고, 소각률은 5.6퍼센트로 전년 대비 0.4퍼센트 증가했습니다. 미미한 변화이긴 하지만 우리나라의 폐기물 처리 현황도 긍정적인 방향을 향하고 있는 것 같아요.

한 광고 회사가 중국 최대 명절인 춘절 기간 동안 선물 포장에 쓰이는 종이 소비를 줄이고자 아이디어를 냈습니다. 신문지를 포장지로 활용했는데, 날짜 지난 신문지를 인쇄기에 넣으면 복福, 수壽 등 중국인이 좋아하는 글자가 좋아하는 붉은색으로 인쇄돼 나옵니다. 이 포장지는 신문지를 재활용해 종이를 아낀다는 취지에 공감하는 사람들 사이에서 인기 폭발이었습니다. 종이 소비가 줄어든 건 당연했습니다. 이처럼 소비에도 격이 있습니다. 어떤 소비를 할 것인가를 진지하게 고민하는 만큼 내 삶의 격도 올라갈 것입니다.

어느 날 아파트 음식물 쓰레기 수거함 안에 그야말로 '멀쩡한' 빵이, 그것도 꽤 많은 양이 버려진 걸 발견했어요. 제가 버린 건 아니었지만 뭔지 모를 죄책감이 밀려왔습니다. 한쪽에선 이토록 물질적인 풍요로움에 질식할 지경인데 아프리카를 비롯한 전 세계에는 만성적인 기아 상태에 시달리고 있으니까요. 전 세계 아이들의 굶주림 정도를 수치화한 세계 기아 지수GHI가 있어요. 2006년부터 아일랜드, 독일 등의 NGO가 협력해서 전 세계 아이들의 굶주림 정도를 수치화한 지수이며 기아에 관한 기록입니다. 2025년 기준으로 약 1,200만 명이나 되는 아이들이 만성적인 굶주림을 겪고 있어요. 2015년에 유엔은 지속가능발전목표SDGs를 발표하면서 2030년까지 기아를 종식하겠다며 제로헝거

Zero Hunger를 목표에 넣었으나 달성이 매우 불투명해 보입니다.

유엔환경계획의 2024년 음식물 쓰레기 지수 보고서에 따르면 연간 10억 5천만 톤의 쓰레기가 발생합니다. 이것은 실제 이용할 수 있는 식량의 19퍼센트에 해당하는 양입니다. 음식물 쓰레기는 남겨지는 것으로 끝이 아닙니다. 어떤 식으로든 처리해야 하는 비용이 또 발생합니다. 왜 이토록 많은 음식물 쓰레기가 나오는 걸까요? 식품을 가공해서 판매하다 보니 가공 단계에서 버려지는 게 너무 많습니다. 먹을거리를 상품으로 만들어야 하니 규격을 정하고 그에 맞지 않으면 생산지에서 미리 폐기해 버립니다. 못생긴 과일이나 채소가 특히 그렇습니다. 외식 산업 증가도 무시할 수 없는 원인입니다. 집에서 밥상을 차리면 미처 못 먹은 반찬은 뒀다 다음 끼니에 먹을 수 있지만 식당에서는 한번 상에 올렸다 남은 음식은 그대로 쓰레기가 됩니다. 남긴 음식을 두고 식당에서 나오는 발걸음이 무거운 건 그 때문입니다.

알뜰히 먹는다고 해도 좋아하지 않는 반찬은 젓가락 한번 대지 않아 고스란히 남기게 마련입니다. 여러 사람이 같이 가서 먹을 때면 맛있는 반찬은 몇 번이고 더 달라고 해서 먹지만 인기 없는 반찬은 그대로 남깁니다. 마트에서 장을 보는 것과 음식물 쓰레기 양에도 상관관계가 있을 듯합니다. 마트에서 장을 보다 보면 계획에 없던 것들을 사곤 합니다. 특히 할인하는 상품은 사 두면 언젠가는 필요할 것 같고 돈도 절약하는 것 같아 덜컥 사고 맙니다. 그러나 결국은 잊고 지내다가 소비 기한이 지나는 바람에 버려야 합니다. 소비 기한이란 소비자가 소비해도 건강과 안전에 문제가 없을 것으로 인정되는 최종 기한입니다. 그나마 음식물 쓰레기 발생을 줄이고자 과거에는 유통 기한을 쓰다가 2023년부터 소비 기한을 표기하는 걸로 바뀌었어요.

당장 실천할 수 있는 방법 몇 가지를 소개해 봅니다. 일단 식당에서 밥을 먹을 때 먹지 않을 반찬은 미리 치워 달라고 하는 것입니다. 가능하면 식당에서 먹을 때는 식탁에 오른 음식을 남기지 않도록 하는 게 중요하니까요. 그리고 장을 볼 때는 소비 기한이 임박한 식품부터 사는 습관을 들입니다. 감자, 당근, 무 같은 채소는 깨끗이 씻어서 껍질까지 요리하는 게 영양도 좋습니다. 줄여 보자고 마음먹으면 실천할 수 있는 방법이 생깁니다.

1980년대 미국에서 나오는 음식물 쓰레기 양은 전체 폐기물 가운데 10퍼센트 이하였지만 현재는 전체 쓰레기의 5분의 1을 차지합니다. 반면, 미국 가구의 14퍼센트는 하루 먹을거리조차 충분히 사지 못하는 빈곤층입니다. 미국이라는 한 사회 안에서도 음식 불평등은 심하지만, 시야를 세계로 넓혀 보면 상황은 더욱 심각합니다. 유엔세계식량계획WFP의 발표에 따르면 8억 정도의 인구는 굶주림에 시달리고, 1억 5천만 명은 심각한 기근을 겪고 있어요. 유엔세계식량계획의 세계 전망에 따르면, 2026년에 무려 3억 1,800만 명이 기아 위기 수준 또는 그보다 더 심각한 상황에 직면할 것으로 예상됩니다. 유엔세계식량계획은 가장 굶주림에 시달리는 1억 1천만 명에게 식량을 우선적으로 제공할 계획이라고 합니다.

2025년 서울에서 열린 '2025 세계기아리포트' 행사에 참석한 미쉘 윈트럽 주한 아일랜드 대사는 굶주림이 주는 모욕과 부끄러움, 불의, 죽음에 이르는 육체적 고통도 끔찍하지만 보고서 숫자 뒤에 가려진 인간의 고통과 모욕의 규모를 기억해 주기 바란다고 했어요. 굶주림의 가장 큰 원인은 분쟁입니다. 그러니 세계 평화가 곧 제로헝거의 지름길이겠지요. 우리가 굶주림으로 고통받는 이들을 기억하고 연대할 수 있는 방법은 모든 전쟁의 종식에 함께 목소리를 내는 것이며 적어도 내 밥상의 음식을 쓰레기로 만들지 않는 일이 아닐까 싶습니다.

"이 밥은 숨 쉬는 대지와 강물의 핏줄, 태양의 자비와 바람의 손길로 빚은 모든 생명의 선물입니다. 이 밥으로 땅과 물이 나의 옛 몸이요. 불과 바람이 내 본체임을 알겠습니다. 이 밥으로 우주와 한 몸이 됩니다. 그리하여 공양입니다. 온몸 온 마음으로 온 생명을 섬기겠습니다."

● 수경 스님의 '공양송'

유난히 추웠던 터라 목도리를 칭칭 감고 장갑까지 낀 채 들른 마트에는 빨갛고 싱싱한 딸기가 박스로 쌓여 있었습니다. 꽁꽁 얼어붙은 영하의 날씨에 딸기를 만나니 신기하기도 하고 맛도 궁금해서 한 박스 샀습니다. 그날 저녁 식사 뒤에 식구 모두 딸기를 맛있게 먹었습니다. 제철에 먹던 딸기보다 당도도 높았습니다. "옛말은 순 엉터리네. 한겨울에도 이렇게 딸기를 먹을 수 있는걸." "겨울이어서 해충이 없으니까 농약은 덜 뿌리지 않을까?" 딸기를 앞에 놓고 식구들은 가볍게 이야기를 주거니 받거니 했습니다. 그러다 작은아이가 "이렇게 추운데 딸기를 어디서 키워?" 하고 질문했습니다. 별생각 없이 딸기를 먹던 식구들은 어떻게 딸기를 키웠을지 처음으로 생각해 봤습니다.

자연의 이치대로라면 겨울은 본래 먹을 게 부족할 수밖에 없는 계절입니다. 나무도 잎을 떨구고 긴 휴지기에 듭니다. 어떤 동물은 먹을거리가 풍성한 가을에 잔뜩 먹고는 겨우내 긴 겨울잠에 들기도 합니다. 아무리 생각해도 참 지혜로운 방법 같습니다. 사람은 몸 구조가 다르니 겨울잠에 드는 일까지는 어렵더라도 자연의 이치에 최대한 부응하는 게 지구에 부담을 덜 주는 삶이 아닐까요?

그러나 철모르는 우리는 채소며 과일까지 철이 없게 만들고 있습니다. 작물의 수확 시기를 앞당기는 촉성 재배로 겨울에도 푸릇한 채소를 수확하고 계절을 당겨 가며 과일을 키워 냅니다.

겨울 딸기가 불편한 까닭은 그저 자연의 이치를 거스르기 때문만은 아닙니다. 추운 계절에 과일을 키워야 하니 자연환경이 아닌 비닐하우스 같은 별도 공간이 필요합니다. 비닐하우스의 실내 온도를 따뜻하게 유지하려면 에너지를 쉼 없이 공급해야 합니다. 참고로 감귤을 노지 재배했을 때보다 하우스 재배했을 때 온실가스는 무려 40배 이상 증가합니다. 포도는 12배, 오이는 6배입니다. 그러니 우리가 먹는 과일이고 채소는 햇빛 에너지로 길러진 온전한 먹을거리가 아니라 '화석 연료'와 다르지 않습니다. 뿐만 아니라 비닐하우스는 땅을 황폐화시키는 데에도 한몫합니다. 다녀 보면 전국 들판은 거의 비닐하우스가 점령하다시피 했습니다. 비닐하우스가 온통 땅을 뒤덮으니 땅에 햇빛이 제대로 닿지 못하고, 비가 제대로 스미지 못합니다. 땅속에 살면서 흙을 건강하게 하는 무수한 토양 미생물은 어떻게 살아갈까요? 하나 더, 하우스 비닐은 기껏해야 몇 년이 지나면 더는 사용할 수 없는 폐비닐이 되고 그 양이 엄청납니다. 수거 인프라가 부족한 농촌에서 폐비닐을 불법으로 태우거나 땅에 묻는 일이 많습니다. 불법 소각은 미세 먼지 발생원에 포함될 정도로 환경에 심각한 영향을 미칩니다. 생각이 여기까지 닿으니 우리는 딸기가 아니라 에너지를 먹고 폐비닐을 남기는 꼴이었습니다.

꼭 사시사철 싱싱한 채소와 과일을 먹어야만 할까요? 대보름날에 먹던 묵나물을 떠올려 봅니다. 우리에게는 채소가 풍부한 계절에 갈무리해 뒀다가 궁핍한 계절에 꺼내 먹으면서 겨울을 지내던 지혜가 있습니다. 볕에 말린 묵나물은 비타민 D도 풍부합니다. 겨울 한 계절만이라도 묵은 나물 챙겨 먹으며 조금은 화석 연료와 멀어질 방법을 찾아야 하지 않을까요?

염천에 떠오르는 풍경 하나가 있어요. 마당가 풀들이 축축 늘어지고 매미 울음소리마저 더위가 삼켜 버린 날이면 뙤약볕 아래 달궈진 마당이며 담벼락 그리고 골목길 어귀까지 물을 뿌리곤 하시던 아버지 모습입니다. 아버지가 호스로 물을 뿌리시는 틈바구니에 저도 슬쩍 끼어 시원한 물세례를 받곤 했거든요. 대문간에 있던 진돗개 진수도 꼬리를 흔들며 낑낑댔고 결국 물세례에 합류할 수 있었지요. 진수가 물기를 온몸으로 털기 전에 얼른 저만치 피해 달아나야 했으나 저는 매번 그 시기를 놓치고는 내키지 않는 물세례를 덤으로 받아야 했습니다. 젖은 옷이 마르는 동안 더위는 잊혔고요. 어쩌면 은근히 그걸 즐겼는지도 모를 일입니다.

어느 날 혼자 집을 지키고 있었는데 더위가 심했는지는 기억에 잘 없어요. 다만 저는 아버지가 하시던 걸 흉내 내기로 했습니다. 수도꼭지를 틀자 돌돌 말려 있던 호스를 타고 물이 움직이기 시작했어요. 호스를 들고 담벼락을 향했지요. 장난기가 발동한 저는 하얀 도화지처럼 바싹 마른 담에다 대고 이런저런 그림과 글씨를 그리며 한참을 놀았던 것 같아요. 어느새 담은 물을 완전히 뒤집어쓰고 진회색으로 변했습니다. 그날 퇴근하신 아버지는 저를 칭찬해 주셨습니다. 시키지 않아도 물청소를 해 놓았다면서 말이에요. 장난이 뜻하지 않게 칭찬으로 바뀌자 저는 토요일이면 이르게 귀가하시는 아버지 퇴근 시간에 맞춰 마당이며 담벼락에 물을 뿌리곤 했습니다. 뜨거운 열기가 가시는 시원함 때문이었는지, 마른 담벼락에 각양각색 물 그림을 그리는 놀이 때문이었는지, 어쩌면 아버지에게 칭찬받고 싶은 마음 때문이었는지 아무튼 열심히 물을 뿌리곤 했던 기억이 납니다. 때로 아버지 귀가 시간이 예정보다 늦어지면 그사이 담벼락은 다 말라 갔지만 마당에 깔아 놓은 보도블록 사이사이로 흙이 물과 만나면서 나던 물 냄새인지 흙냄새인지를 아버지는 대번에 알아보셨어요. 대문을 열고 들어서시며 누가 이런 기특한 일을 했느냐며 저를 찾으셨고 저는 기다리던 바로 그 시간을 행복하게 맞았던 기억이 떠오릅니다.

물을 뿌려 시원하게 만드는 일은 아버지만의 독창적인 방법이 아니라 시원한 여름을 나는 오랜 지혜이며 과학입니다. 여름에 물을 뿌리면 물이 증발하면서 주위 열을 흡수하는 기화열 때문에 실제로 섭씨 2도 정도 온도가 내려갑니다. 일본에도 '우치미즈'라 불리는 지혜로운 전통이 있어요. 더운 여름날이면 마을의 어른 아이 할 것 없이 모두 나와 같은 시간에 바가지나 물동이를 이용해 길에다 물을 뿌립니다. 마을 사람들이 합심해서 마을의 최고 온도를 낮추는 방법인 거지요. 지구 온난화 대책으로 우치미즈가 새롭게 각광받고 있습니다. 물을 뿌려 열기를 식히는 일 자체는 환영할 만한 일이나 어떤 물을 이용하느냐에 따라 환영 정도는 다를 듯합니다. 기껏 비싼 에너지를 들여 정수한 수돗물을 도로에 뿌리는 일은 여러 가지로 낭비니까요.

환경계 노벨상이라 불리는 골드만상 수상자인 슬로바키아 NGO '사람과 물'의 미카엘 크라빅 회장이 한국을 방문한 적이 있어요. 서울시가 주최한 빗물 축제에 초대받아서 온 그는 폭염에 시달리는 우리에게 '오늘날 폭염의 원인이 바로 빗물 낭비' 때문이라는 좀 생소한 조언을 했습니다. 어딘가 물이 있다면 그 물이 더운 날 기화하면서 뜨거운 열기를 가져가 폭염은 피할 수 있을 거란 뜻이지요. 도시를 둘러

보면 물이 있을 곳이 별로 없습니다. 도시에 숲이나 나무가 드물고 대부분 콘크리트와 아스팔트로 뒤덮여 있으니 비가 내려도 스며들 곳이 없어요. 빗물은 하수구를 타고 곧장 강을 거쳐 바다로 흘러가 버립니다. 여름에 비다운 비가 거의 내리지 않았던 것과 폭염, 열대야는 밀접한 관련이 있다는 말입니다.

가물다가 쏟아질 땐 한꺼번에 물 폭탄이 됩니다. 이럴 때 빗물을 받아 두면 여러 가지로 이득이 많습니다. 한꺼번에 쏟아지는 빗물은 홍수를 유발하지만 그 물을 받아 두고 필요할 때 적절히 쓰면 홍수 예방이 가능합니다. 도심 빌딩마다 있는 옥상에 나무나 화초를 심어 녹화를 하면 자연히 빗물을 가둘 수 있어서 '녹색 댐' 역할을 하게 되고요. 옥상이 푸르면 도시의 열섬 현상도 줄어들게 될 겁니다. 건물마다 빗물을 담아 두는 빗물 저장 시설이 있다면 도시의 폭우 피해를 대폭 줄일 수 있습니다. 한 가지 더, 도로든 인도든 빗물이 투과할 수 있도록 시설을 만든다면 어떨까요? 빗물이 땅으로 스며들도록 한다면 갑자기 쓸려 내려가는 물 양을 조절할 수 있고요. 그렇게 도로나 아스팔트를 관통해서 내려간 빗물은 가로수에게도 요긴한 물이 될 겁니다.

어린 시절을 다시 떠올려 보니 그 시절에는 집집마다 홈통이 있었어요. 비가 쏟아지는 날은 바깥에서 돌아온 사람들이 그 홈통에다 발을 씻었던 기억도 납니다. 만약 빗물 활용에 일찍 눈을 떴더라면 홈통 빗물을 잘 받아 뒀다가 그 물을 더울 때 수돗물 대신 뿌려도 좋았겠다 싶습니다. 빗물의 가치를 미처 몰랐거나 빗물을 받고 관리해야 하는 번거로움 대신 수도꼭지만 틀면 나오는 물을 택했는지도 모르겠습니다. 편리함을 누린 대가는 고통의 모습을 하고 편리함을 누린 이에게 결국 찾아옵니다.

식구들이 모여 앉아 밥을 먹고 있는데 큰아이가 쌈을 싸려던 상추에서 작은 달팽이 한 마리를 발견했습니다. 식구들 눈이 일제히 달팽이에게 쏠렸습니다. 달팽이도 놀랐는지 몸을 웅크렸습니다. 몸길이가 1센티미터나 될까 싶었습니다. 모르고 그냥 상추를 먹었으면 어쩔 뻔했냐며 우리 모두 안도했습니다. 작은아이는 다른 상추를 뒤적이며 또 있을지 모를 달팽이를 찾았지만 그 한 마리뿐이었습니다. 유리그릇에다 상추와 함께 달팽이를 옮겨 줬습니다. 혹시나 밖으로 나올까 싶어 구멍을 촘촘히 뚫은 비닐을 고무줄로 단단히 고정시켜 덮어 뒀고요. 상추 사이에 있다가 느닷없이 환한 불빛 아래로 끌려 나온 달팽이는 그릇 속에서 잠시 어리둥절한 듯 보였습니다. 다시 밥을 먹으며 슬쩍 들여다보니 그사이 안정을 되찾은 건지 더듬이를 내밀고 몸도 길게 주욱 늘이기 시작했습니다. 식탁 위 전등이 너무 밝은 듯해 통풍이 되는 거실 테이블 위로 옮겨 줬습니다. 큰아이가 달팽이를 놔줘야 하는 게 아니냐고 하자 작은아이가 이른 봄인데 바깥에 달팽이가 뜯어 먹을 풀이 있겠냐며 지금 풀어 주는 건 좋은 방법이 아니라 했습니다. 그래서 봄이 완연해지고 풀들이 한껏 자라기 시작할 즈음 풀어 주기로 했습니다. 다음 날 저녁, 큰아이가 그릇 바깥에 붙은 달팽이를 발견했습니다. 어떻게 탈출했는지는 모르지만 바닥에라도 떨어졌다면 어떻게 됐을까 싶어 아찔했습니다. 아이는 달팽이를 그릇 안에 다시 넣고 한참을 들여다보더니 달팽이한테 왠지 미안하다고 했습니다. 겨우내 비닐하우스 채소밭에서 싱싱한 먹이를 양껏 먹고 마음껏 돌아다녔을 텐데 이제는 좁은 그릇에 갇힌 게 안타까웠던 모양입니다.

꽤 오래전 식용 달팽이를 얻어 와 어른 주먹만 해질 때까지 키운 적이 있습니다. 갓 부화한 새끼 달팽이는 거의 투명한 흰색이었습니다. 곧 여름휴가를 떠나야 해서 달팽이들도 함께 데리고 갔습니다. 그런데 휴가지에 도착해서 일이 벌어졌습니다. 짐을 풀고 근처 숲을 둘러본 뒤 숙소로 돌아왔을 때 달팽이가 있어야 할 통이 텅 비어 있었습니다. 달팽이를 담아 온 통의 뚜껑이 제대로 닫히질 않았던지 죄다 탈출해 버린 거였습니다. 워낙 작아 눈에 잘 띄지도 않으니 아이들은 혹시 자기들이 밟지나 않았을까 싶은 마음에 발바닥을 확인하며 울먹였습니다. 바닥과 벽에서 찾아낸 게 겨우 일고여덟 마리였습니다. 집에서 데려온 게 스무 마리 가까이였으니 절반도 찾지 못했습니다. 실망하는 아이들에게 근처가 온통 숲이니 달팽이들이 무사히 숲으로 갔을 거라며 오히려 다행이라고 달랬습니다. 식용 달팽이가 숲에서 과연 살 수 있을지, 혹여 우리가 생태계에 부담을 준 건 아닌지 하는 걱정은 차마 말하지 못했습니다. 아이들은 남은 달팽이들을 더욱 애지중지 보살폈고 무사히 집으로 데려올 수 있었습니다. 달팽이가 자라면서 몇몇은 중간에 또 탈출하는 등 우여곡절을 겪었고, 결국 어른 달팽이가 될 때까지 함께 지낸 건 세 마리뿐이었습니다.

밤에 책을 읽다 보면 어디선가 부스럭거리는 소리가 자주 들렸습니다. 한참을 무슨 소리인지 모르다가 나중에야 야행성 달팽이가 치설로 채소를 긁어 먹는 소리라는 걸 알았습니다. 소리의 진원지를 알게 된 날 달팽이에 대해 아는 게 별로 없다는 걸 깨달았습니다. 책을 찾아 읽으며 달팽이와 함께 살아가는 구성원으로서 알아 두면 유익할 내용을 제법

배웠습니다. 달팽이 껍데기는 상처를 입거나 부서져도 금세 회복합니다. 흙은 매우 중요한 먹이며 달팽이 껍데기를 만들고 상처를 회복하는 데에도 꼭 필요합니다. 달팽이는 힘든 환경에 놓이면 잠을 자며 때를 기다립니다. 겨울에는 껍데기 입구에 벽을 차곡차곡 쌓으며 점점 안쪽으로 들어가 겨울잠을 잡니다.

큰아이는 달팽이와 점점 정이 붙는지 풀이 무성한 계절이 와도 내보낼 생각이 딱히 없는 것 같았습니다. 이따금 화분에 달팽이를 놓고는 자유를 느끼게 했습니다. 좀 더 과감해지더니 어느 날은 밤에 아예 화분 위에 올려 두었다가 다음 날 아침에 다시 그릇에 넣어 두기도 했습니다. 깜깜한 실내에 혹시라도 화분 아래로 내려온다면 밟힐지 모른다고 일러줬습니다. 며칠 뒤였습니다. 식구 중 가장 먼저 일어난 저는 습관적으로 달팽이가 있는 곳으로 갔습니다. 보이지 않았습니다. 화분에 또 풀어놓은 건가 싶어 찾아봤지만 보이지 않았습니다. 이따금 그러듯 그릇을 빠져나와 어딘가 있을 것 같아 조심스레 그 일대를 찾기 시작했습니다. 그릇이 놓인 테이블 위 물건들을 치우며 살피는데 어디에도 없었습니다. 달팽이를 찾느라 옮겨 놓은 책을 제자리에 두려는데 그 아래에 달팽이가 있었습니다, 책에 깔린 채로. 순간 얼마나 놀

랐는지 손이 달달 떨렸습니다. 껍데기는 완전히 바스라졌고
달팽이 몸에서 물기가 약간 묻어 나와 있었습니다. 테이프
되감듯 이전 상황으로 되돌리고 싶은 마음뿐이었습니다.

　미안하다는 말을 몇 번이나 되뇌었지만 그건 달팽이에게
가 아니라 내 마음을 진정시키기 위함이었습니다. 무거운
내 마음을 덜어 내기 위함이었습니다. 그러다 문득 내가 의
도하지 않았고 끝내 몰랐을 이런 일들이 얼마나 많았을까를
생각했습니다. 아주 오래전에 나타나 지구에 해를 끼치기는
커녕 생명의 그물 한 코를 짰을 수많은 생명을 생각했습니
다. 이 작은 존재가 우리에게로 와 짧은 삶을 사는 동안 제게
많은 생각할 거리를 던져 줬습니다. 그렇게 달팽이는 떠났
지만 동시에 제게로 왔습니다.

2부

사회

동네와 직장의 소비

3장

쓰레기 없는 동네는 불가능한 걸까?

깜깜한 밤하늘에 펑펑 터지며 만들어 내는 형형색색의 불꽃놀이는 여러 도시에서 하나의 관광 상품이 돼 버린 듯합니다. 불꽃놀이는 여러 금속이 들어간 화약에 불을 붙여 공중에 쏘는 방식으로, 화약에 포함된 나트륨, 리튬, 구리, 스트론튬 등의 금속염이 불꽃 반응으로 다양한 색을 띠는 원리입니다. 기술이 날로 발전하면서 현란한 색상과 형상의 불꽃을 만들고 이를 아름답다고 느끼게 되는 건데요. 초고층 빌딩이 가득한 도시의 밤하늘을 수놓는 불꽃놀이는 귀신을 쫓던 데서 시작되었다고 합니다. 불꽃놀이의 기원을 찾아가다 보면 중국 후난성 류양시 인근에 살던 한 승려가 만든 폭죽이 나옵니다. 폭죽을 터뜨리는 이유는 귀신을 쫓기 위함이었다고 합니다. 이해할 수 없는 희한한 일에 두려움을 느꼈고 그런 두려움을 귀신의 장난으로 여기던 시절이었으니까요. 화약이 폭발할 때 내는 굉음이 귀신을 쫓을 수 있다고 여겼던 것 같습니다. 중국은 화약을 세계 최초로 만든 나라답게 폭죽을 송나라 때부터 제작했어요. 중국의 최대 명절인 춘절에 폭죽을 터뜨리며 귀신을 쫓는 풍습만 봐도 중국의 불꽃놀이 전통이 오래되었다는 것을 알 수 있지요.

화약은 13세기 중반에 아랍으로 전해졌고 마르코 폴로에 의해 유럽으로도 전해졌다고 해요. 밤하늘을 번쩍이며 각양각색으로 밝히는 불꽃놀이가 신기하고 볼거리인 것은 사실입니다. 이런 대중들의 호응에 힘입어 불꽃놀이는 화학 기술에 예술 감각이 접목되면서 도시의 관광 상품이 되었어요. 도시마다 정기적으로 불꽃 축제를 열다 보니 100만 인파가 몰리면서 불꽃놀이를 감상할 수 있는 지역을 중심으로 경제 효과를 창출했다는 보도도 있습니다.

몇 년 전 어느 날 지방에서 일정을 마치고 집으로 돌아가는 길이었어요. 마침 불꽃 축제가 열리던 날인 데다 시간까지 겹치면서 올림픽대로는 오래도록 정체가 풀리질 않았어요. 펑펑 폭죽 터지는 소리가 들리고 축제가 열리는 여의도 근처 올림픽대로까지 대기가 뿌옇더군요. 창을 다 닫아도 찜찜한 마음은 쉽게 가시질 않았어요.

　아름다움의 대가는 미세 먼지를 비롯한 오염으로 돌아옵니다. 공중에서 불꽃이 펑펑 터질 때 찬란한 불꽃 주변으로 자욱한 연기를 볼 수 있는데요. 미세 먼지와 중금속들이 포함되어 있어요. 2023년 불꽃 축제 당시 고려대학교 보건환경융합과학부 연구팀이 대기질을 분석한 결과를 보면 불꽃놀이를 하기 전과 불꽃을 터뜨린 뒤 한 시간이 지났을 때 초미세먼지 농도는 평소의 31~36배까지 치솟았어요. 미세 먼지 농도 역시 매우 나쁨 기준을 2.5배 초과했고요. 불꽃색을 화려하게 내기 위해 첨가된 바륨, 구리, 납 같은 중금속은 공기 중으로 확산되었다가 결국에는 아래로 내려올 테고 주변 땅과 물을 오염시키지요. 2025년 국제 학술지 〈환경과학과 기술 회보〉에 발표된 중국 상하이교통대학교 연구팀의 논문에는 '불꽃놀이가 신종 대기 오염 물질인 아민의 주요 배출원'이라는 다소 충격적인 내용이 실려 있습니다. 중국 춘절 기간 동안 불꽃놀이 지역의 대기를 분석한 결과라고 하는데요. 불꽃놀이에 구경 가는 이들에게 단지 마스크 착용하라는 주문을 넘어 불꽃놀이 규제가 구체적으로 필요한 시점이 아닌가 싶습니다.

불꽃놀이를 처음 접했던 게 초등학생 때였던 걸로 기억해요. 저녁을 먹고 난 이후였는데 텔레비전을 시청했는지 무엇을 했는지는 잘 기억나지 않아요. 바깥에서 무언가 펑펑 터지는 소리가 들려 너무 놀라 부모님께 달려가 무슨 일인가 여쭈었어요. 아버지께서 그제야 생각이 나신 듯 아마도 불꽃놀이를 하는 것 같다고 하셨어요. 그러면서 우리를 데리고 우리 집에서 제일 높은 창고 옥상으로 올라가셨지요. 당시는 아파트도 없고 고층 빌딩도 별로 없던 때라 불꽃놀이를 하던 장소와 제법 떨어져 있었지만 하늘을 수놓던 불꽃을 구경할 수 있었어요. 이미 너무 놀랐던 터라 불꽃놀이의 아름다움은 그다지 와닿지 않았어요. 불꽃놀이는 어린 시절 짧은 시간이었지만 공포심에 사로잡혀 가슴이 콩닥거리던 두려움을 떠올리게 합니다. 전쟁을 소재로 다룬 영화 속에서 폭탄이 터질 때 나던 바로 그 소리와 흡사했으니까요. 그렇다면 불꽃 축제에 대해 알 길이 없고 이해할 수도 없는 야생 동물의 입장에선 어떨까요? 아마 어릴 적 제가 느꼈던 그 공포심을 야생 동물도 비슷하게 느끼지 않을까 싶습니다. 야행성 동물은 그들대로, 밤에 잠을 자면서 쉬려던 동물은 또 그들대로 모두 비슷한 공포심과 당황스러움으로 무척이나 괴로웠을 것 같아요.

　네덜란드에서 새해를 축하하는 불꽃놀이 직후에 평소보다 많은 천여 마리의 새들이 갑자기 날아올랐다고 해요. 새들은 날 때 많은 에너지를 소비합니다. 불필요한 비행으로 체력을 소진시키는 일 역시 동물에게는 큰 피해가 아닐 수 없어요. 영국 에든버러 동물원에서 불꽃놀이의 충격으로 레서판다 새끼가 죽는 비극적인 일도 있었고요. 많은 사람이 모여 흥겨운 축제를 벌이는 일은 결코 비난받을 일이 아닙니다. 다만 축제를 벌이느라 앞서 지적했던 그런 문제가 발생한다면 진정한 축제일 수 있을까요? 밤하늘을 배경으로 한 축제라면 최근 들어 각광받는 드론이나 레이저 쇼도 좋겠고요. 경제 효과도 중요하지만 동시에 오염을 발생시키지 않으면서도 모든 생명이 존중받는 축제를 만들기 위해 많은 이가 머리를 맞대고 지혜를 찾아보면 좋겠습니다.

지구 반대쪽 멕시코와 칠레에서 생산되는 아보카도를 트럭에다 쌓아 놓고 파는 세상입니다. 동남아시아에서 나는 과일을 동네 마트에 가면 언제든 구할 수 있고요. 독일의 하몽도 발효시킨 치즈도 바로 먹을 수 있고, 올리브 오일은 콩기름만큼이나 흔해졌어요. 바나나가 부의 상징처럼 여겨지던 때가 몇백 년 전 같지만 불과 30여 년 전 일입니다. 1991년 수입 제한 품목이 풀리면서 들어오기 시작한 바나나가 이젠 가장 값싼 과일이 됐습니다. 굳이 외국에 가지 않아도 온갖 이국적인 음식을 먹을 수 있으니 좋은 세상이라 할 만합니다. 어디 먹을거리뿐일까요? 무역 회사도 아닌 개인이 외국에 직접 물건을 주문하고 집에서 받는 시절입니다. 어느 순간 세상의 거리는 확 좁혀졌어요.

유럽 인구가 급속히 팽창하면서 19세기 말에는 해마다 유럽 인구 100만 명이 유럽을 떠나 미국, 캐나다, 아르헨티나, 호주 등으로 이주했습니다. 이주한 이들은 경작지를 급격히 늘렸고 생산한 농산물, 가축 등을 유럽으로 보냈습니다. 유럽으로 식량을 수송하고자 대륙을 횡단하는 철도가 놓였고 대형 증기선이 바다 위를 떠다녔습니다. 냉장, 냉동 기술이 개발되면서 신선식품을 대량으로 공급할 수 있게 됐습니다. 19세기 중엽 프랑스의 페르디낭 카레와 샤를 텔리에는 영업용 냉장고를 개발했고, 냉장선 프리고리피크frigorifique는 신선한 먹을거리를 싣고 아르헨티나와 프랑스를 오가기 시작했습니다. 이때부터 남북아메리카 대목장과 대농장이 유럽 대도시와 연결됐습니다. 1879년에는 호주에서, 1882년에는 뉴질랜드에서 영국으로 냉동선이 다니기 시작했고 영국은 1890년에 뉴질랜드에서 버터와 치즈를, 1901년에는 자메이카에서 바나나를 처음으로 수입했습니다. 급속 냉동하면 냉동 전과 맛이 다르지 않다는 아이디어를 이누이트 사회에서 얻었고, 이런 기술 개발로 전 세계 식량 시스템에 혁명이 일어났습니다.

콜드 체인은 지구를 돌며 온갖 먹을거리를 실어 나릅니다. 제약이 되던 저장 문제에서 벗어나니 식품 유통이 무한대에 가깝게 넓어졌습니다. 그때그때 필요한 양이 아니라 가격에 따라 식품이 출하되는 세상이 된 거지요. 최대한으로 잡아들이다 보니 바다에는 물고기 씨가 마르기 시작했고 음식 재료의 제철이 사라지기에 이르렀습니다. 또한 가격 경쟁에서도 냉동식품은 파괴력을 지녔습니다. 싼 가격에 대량으로 밀어 넣을 수 있으니 소자본은 경쟁 자체를 할 수가 없고 로컬 푸드가 설 자리는 급격히 줄어들었습니다. 냉동식품이 생기면서 냉장고 크기도 커졌습니다. 처음 냉장고가 시판될 때만 해도 냉장실 위에 부록처럼 붙어 있던 냉동실이 이젠 냉장실과 어깨를 나란히 할 만큼 커졌습니다. 아니 냉동고가 아예 독립해서 부엌 한 곳을 차지하기에 이르렀습니다. 냉동식품을 '1+1'으로 판매 가능한 건 가정용 냉동실이 받쳐 주기 때문이지요. 그러니 각 가정은 n분의 1 몫으로 식품회사 물류 창고를 대행한다고 해도 과언이 아닙니다.

먹을거리를 비롯한 상품을 원활히 나르려면 도로가 필요합니다. 우리나라만 보더라도 수많은 도로가 거미줄처럼 전국을 연결하고 있어요. 우연히 다큐멘터리 〈자전거 대 자동차Bikes vs. Cars〉를 보고서 알게 된 사실인데 LA 지역의 70퍼센트는 도로와 주차장이 점령하고 있더군요. 물건 이동을 위해 우리는 땅의 많은 부분을 자동차에게 내주고 있는 셈입니다.

아침이고 저녁이고 쉼 없이 고속도로를 오가는 화물차 그리고 뒤에 실린 컨테이너, 기차역에 화물 열차가 정차할 때 보면 물건을 실은 컨테이너의 끝이 보이지 않습니다. 그 안에 담긴 상품은 대체 어디로 들어가서 어떻게 쓰이는 걸까요? 문득 아침에 마신 커피 한 잔의 행보가 궁금해졌습니다. 남아메리카, 아프리카, 아시아 지역에서 수확한 녹색 생두는 자루에 담겨 태평양을 건너고 대서양을 건너 미국의 여러 항구로 이동할 것입니다. 항구에 도착한 생두 자루는 트럭이나 화물 열차 등에 실려 커피를 볶는 공장으로 갈 테고, 볶은 커피콩은 다시 플라스틱과 알루미늄 호일 합성 봉지에 담겨 이곳저곳에 있는 물류 센터로 이동할 테고, 그곳에서 다시 도매점으로 소매점으로 이동하겠지요. 일부는 트럭이나 화물 열차 등에 실려 항구로 이동했다가 다시 화물선에 실려 이 나라 저 나라 항구로 이동하겠지요. 그리고 도착한 항구에서 다시 트럭이나 화물 열차에 실려 물류 센터로, 도매점으로 소매점으로 이동할 것입니다.

그렇다면 우리가 아침에 마실 커피 한 잔을 위해 생두는 얼마나 많은 거리를 이동하는 걸까요? 에드워드 흄스는 그의 책 《배송 추적Door to Door》에서 커피 하나의 이동 경로를 추적해 보니 4만 8,000킬로미터가 넘었다고 합니다. 가히

놀라운 거리입니다. 우리가 쓰는 물건 하나하나가 이동한 거리는 대체 얼마일 것이며, 그 거리에서는 또 얼마나 많은 탄소가 배출됐을까요? 이러니 물건 소비는 단순히 물건만을 소비하는 일일 수가 없다는 거지요. 물건 뒤에 가려진 수많은 것을 동시에 소비하고 또 배출하게 되는 겁니다. 빙산의 일각이란 비유조차 적절하지 않아 보입니다.

　　19세기 말 워싱턴의 어느 술집에서 있었던 일입니다. 담배 공장 노동자였던 마빈 스톤은 어느 여름날 퇴근 후 들른 술집에서 위스키 잔에 손을 대면 술이 뜨듯해져 맛이 변하자 손을 대지 않고 마실 방법을 궁리했습니다. 그러다 속이 빈 밀짚이 떠올랐습니다. 빨대가 영어로 straw인 이유입니다. 그런데 밀짚으로 마시니 특유의 냄새 때문에 위스키 맛을 제대로 느낄 수 없다는 게 또 불만이었습니다. 마침 그가 다니던 담배 공장에서 담배를 말던 종이가 떠올랐습니다. 시간을 거슬러 올라가면 수메르인도 빨대 비슷한 도구를 썼다고 하나 현대 빨대의 발명은 대개 이때로 봅니다. 빨대는 시원하고 맛난 술을 마시고 싶은 욕구에서 비롯됐습니다. 어찌 보면 소박한 출발이었습니다. 빨대는 종이에서 플라스틱으로 진화를 거듭하면서 쓰임이 더욱 확장됐습니다. 컵을 들어 올리지 않고 움직이는 차 안에서도 흘리지 않고 얼마든지 음료를 마실 수 있으니 편리한 물건임에 틀림없습니다. 그런데 한 번 더 생각해 보면 우리는 편리함 이면에 놓인 그림자를 간과했음을 알 수 있어요. 빨대는 여러 번 사용하지 않습니다. 게다가 빨대는 언제나 공짜니 굳이 필요하지 않아도 챙기게 되고, 이는 자연스레 소비 급증으로 이어집니다.

우리가 쉽게 쓰고 버린 빨대는 지금쯤 어디에 있을까요? 콧구멍에 꽂힌 빨대 때문에 고통스러워하며 피를 흘리던 거북이 떠오릅니다. 우리에게 편리를 가져다준 빨대가 어쩌다 다른 생명에게는 이런 천덕꾸러기가 됐을까요? 플라스틱은 물건에 대한 우리의 모든 요구(물에 젖지 않게, 깨지지 않게, 무겁지 않게, 녹슬지 않게, 썩지 않게)를 충족시켜 준 무척이나 매력적인 물질입니다. 매력에 중독돼 신나게 쓰다 보니 어느 순간 플라스틱은 썩지도 못하고 그대로 바다며 육지며 할 것 없이 쌓이게 됐습니다.

북태평양 한가운데에 위치한 미드웨이섬에는 알바트로스가 20만 마리 이상 살고 있습니다. 그런데 이 숫자를 계속 유지할 수 있을지 우려스럽습니다. 새끼 알바트로스가 떼로 죽는 일이 계속 벌어지고 있기 때문입니다. 죽은 새의 배를 가르니 페트병 뚜껑이며 플라스틱 라이터며 온갖 플라스틱 쓰레기가 그득했습니다. 바다 위에 둥둥 떠다니는 플라스틱 조각을 어미는 먹이로 착각해서 새끼에게 먹였고 새끼는 뱃속을 플라스틱으로 채우다 굶어 죽습니다. 바다 밑 1만 미터가 넘는 마리아나해구에서는 생산된 지 30년이 넘은 비닐봉지가 발견됐습니다. 바다 위든 아래든 가리지 않고 플라스틱이 점령한 지는 이미 오래며, 이는 쏟아져 나오는 쓰레기를 감당할 만한 여력이 지구에 더 이상 없다는 의미이기도 합니다. 생명다양성재단과 영국 케임브리지대 동물학과가 공동 조사한 〈한국 플라스틱 쓰레기가 해양 동물에 미치는 영향〉 연구 보고서가 2019년 7월에 발표됐습니다. 이 보고서에 따르면 한국에서 배출한 플라스틱 쓰레기 때문에 해마다 바닷새 5,000마리와 바다 포유류 500마리가 죽는 것으로 나타났습니다. 전 세계 플라스틱 통계 자료가 있는 2010년을 기준으로 한국에서 배출한 연간 플라스틱 쓰레기 양을 추정해서 발표한 숫자입니다.

'배달의 민족'이 유행어가 될 만큼 배달 음식이 많아졌고 온라인 쇼핑이 활성화되면서 급격히 증가한 포장재와 플라스틱 쓰레기의 상관관계는 매우 높을 것입니다. 특히나 코로나19 이후로 배달 음식 주문은 더욱 늘어났습니다. 대한민국 배달 앱 주문 건수는 2025년 기준 약 700만~800만으로 추정되며, 이 가운데 80퍼센트 이상이 음식 주문이라고 합니다. 음식 포장에 쓰이는 플라스틱 개수가 최소 3개입니다. 그렇다면 하루에 음식을 포장하는 플라스틱만 적어도 2,100만 개가 나온다는 추정이 가능합니다. 우리나라 사람들이 일 년 동안 쓰고 버린 페트병은 지구를 열 바퀴하고도 반이나 돌 정도의 양인 49억 개, 플라스틱 컵은 33억 개입니다. 이 정도 양이면 지구에서 달까지 가닿을 정도라 합니다.

여전히 일회용을 비롯한 플라스틱 소비가 줄지 않는 이면에는 재활용에 대한 믿음이 있습니다. 그렇다면 플라스틱 재활용 비율은 얼마나 될까요? 전 세계 플라스틱 소비는 1950년 이래 65년 동안 200배가 넘게 증가했지만 세계 평균 재활용 비율은 고작 9.5퍼센트입니다. 우리나라에서 나오는 플라스틱 쓰레기는 연간 800만 톤이며 재활용 비율은 62퍼센트라고 하지만, 이는 발전소 등에서 연료로 태우는 것까지 합친 비율입니다. 다시 제품으로 활용되는 것만 따지면 22.7퍼센트로 떨어집니다. 유럽연합 평균이 40퍼센트인 것에 비하면 한참 낮은 수준입니다. 게다가 재활용을 하면 할수록 품질은 떨어집니다. 재활용이 만능일 수 없는 이유지요.

　그동안 잘사는 나라의 플라스틱 쓰레기를 받아 주며 세계의 쓰레기장을 자처했던 저개발 국가들이 보이콧하면서 유럽과 북미에서는 플라스틱 쓰레기를 줄이려 안간힘을 쓰고 있습니다. 일회용 플라스틱 컵뿐만 아니라 플라스틱 빨대마저 사용 금지하거나 친환경 재질로 대체하려는 분위기가 번지고 있습니다. 유럽연합과 캐나다 등은 2021년부터 플라스틱 접시, 컵, 수저·포크·나이프류, 빨대, 면봉 막대 등 일회용 플라스틱 사용을 금지하는 법안을 통과시켰습니다. 슬로바키아도 2021년부터 일회용 플라스틱 제조 및 사용을 금지하기로 했습니다. 프랑스는 2020년부터 일회용 플라스틱 식기 사용을 전면 금지하기로 했고, 영국은 일회용 컵에 라테 부담금을 매기는 등 플라스틱 쓰레기를 대대적으로 줄이겠다는 계획을 발표했습니다. 우리나라도 2030년까지 플라스틱 폐기물 50퍼센트 감축, 70퍼센트 재활용 목표, 일회용품 사용 64퍼센트 감축 등 플라스틱 소비를 줄이기 위한 중장기 단계별 계획을 발표했습니다. 그런데 현실은 계획과 다르게 흘러가는 부분도 있습니다. 일회용 컵에 보증금을 붙여 음료를 마신 뒤 컵을 반납하면 보증금을 돌려주는 '빈 용기 보

증금 제도'는 2003년부터 실시되고 있었으나 이명박 정부
가 출범하면서 폐지되었습니다. 이후 부활시키려는 시민 사
회의 노력으로 2022년부터 전국에서 시행될 예정이었으나,
2023년 환경부는 정책 철회를 선언해 버렸습니다. 포장이
나 배달 음식점에서의 일회용 식기 제공을 금지하고, 용기
나 접시는 다회용기 또는 친환경 재질로 바꿀 필요가 있습
니다.

미국 스타트업 회사인 베셀 웍스Vessel Works는 텀블러를
대여하고 수거 및 세척하는 시스템을 운영하고 있어요. 일
회용 플라스틱 컵 대신 텀블러를 사용하는 일이 때론 개인
에게 큰 부담이 되니, 쉽게 말해 공유 텀블러 시스템을 만든
거지요. 먼저 앱을 깔고 회원 가입을 해야 해요. 그런 다음
카페에서 음료를 주문할 때 텀블러를 같이 요청하면 됩니다.
QR 코드를 찍어 텀블러를 대여하고 5일 이내에 반납하면
되는데 만약 이 기간을 어기면 15달러가 회원 가입 시 입력
한 계좌에서 빠져나가요. 요새 서울 시내에 흔히 볼 수 있는
공유 전동 스쿠터처럼 텀블러를 반납할 키오스크가 시내 곳
곳에 있다면 어디서든 음료를 마시고 돌려줄 수 있습니다.

평소에 억새 젓가락과 나무 숟가락 하나를 수젓집에 넣어

가지고 다니면 불필요한 일회용품을 쓰지 않아도 되더라고요. 장을 볼 때 아무리 장바구니가 있어도 무게를 다는 채소를 사려면 죄다 비닐봉지를 사용할 수밖에 없어요. 집에서 입지 않는 티셔츠를 잘라 만든 주머니와 쓰고 난 양파 망 등을 장바구니에 넣어 두면 비닐봉지 사용을 줄일 수 있어요. 사은품은 꼭 필요한 게 아니라면 '힙하게' 거절해 보세요.

이처럼 개인의 소비 습관을 바꾸는 것도 중요하지만, 무엇보다 플라스틱 문제의 가장 큰 부분을 차지하는 시스템을 바꾸는 일이 시급합니다. 아무리 플라스틱 쓰레기를 만들고 싶지 않아도 제품 자체가 플라스틱에 담겨 있다면 달리 선택의 여지가 없거든요. 두부를 먹으려면 반드시 손바닥만 한 플라스틱 용기와 비닐 쓰레기가 나오잖아요. 주스를 한 잔 마시려 해도 플라스틱 용기가 하나 나오지요. 그러므로 생산 단계에서부터 나온 플라스틱을 온전히 순환시켜 재활용할 수 있는 시스템이 구축되어야 합니다.

　　　　　다 쓴 식용유 통을 재활용 바구니에 넣으려
다가 다시 가져왔습니다. 식용유 통 속에 기름기가 아직 남
아 있고 종이 상표가 붙어 있었기 때문입니다. 남은 기름기
를 제거하려다 몸체와 뚜껑이 분리되지 않는다는 사실을 알
았습니다. 같은 플라스틱이라 해도 뚜껑과 통을 만든 재질
이 다른데 이대로 버린다면 어떻게 재활용될까 싶었습니다.
일단 겉에 붙은 종이 상표를 물에 불려 떼어 내고 통 안쪽으
로 어렵사리 비눗물을 넣어 완벽하진 않지만 기름기를 제거
했습니다. 그리고 나니 다른 재활용품 상태도 궁금해졌습니
다. 베란다에 있던 재활용품 바구니를 쏟아 놓고 하나씩 들
여다봤습니다. 상표가 그대로 붙어 있는 것, 내용물이 용기
내부에 그대로 말라 버린 것, 복합 재질로 만든 음료수 캔까

지 다시 손봐야 할 것 천지였습니다. 식구들 중 누군가가 귀찮아서 슬쩍 던져 놨던 것들입니다. 집집마다 분리배출한 물건이 과연 제대로 재활용 흐름으로 들어갈 수 있을까 의구심이 들었습니다. 그러다 또 드는 생각은 '나 하나 열심히 분리배출한들 무슨 소용이 있을까'였습니다. 이런 생각이 물꼬를 트자 번거롭고 귀찮은 이 일을 관둬야 할 핑계를 100가지도 댈 수 있을 것 같았습니다.

핑계를 찾는 일에 브레이크를 걸어 준 건 한 다큐멘터리로, 일본 시코쿠섬 동쪽 도쿠시마현 가미카쓰 마을에서 벌이는 쓰레기 제로 운동을 소개하고 있었습니다. 이 마을은 일본 최초로 폐기물 제로를 선언한 지방 자치 단체입니다. 평균 해발 700미터 이상인 산에 둘러싸인 이 마을은 2018년 1월 기준으로 인구 1,556명, 이 가운데 절반 이상이 65세가 넘은 고령 마을입니다. 이 마을에서는 분리배출 종류를 45가지로 정했습니다. 깨끗한 플라스틱, 뜨거운 물로도 제거되지 않는 기름이 묻은 플라스틱처럼 같은 플라스틱이라도 오염 정도에 따라 세세하게 구분해 배출합니다. 가미카쓰 주민들이 처음부터 분리배출을 잘했던 건 아니었어요. 산촌이다 보니 임업이 주를 이뤘고 나무를 벌채하면서 나오는 부산물을 태우며 쓰레기도 함께 태웠습니다. 그러다 보니 생활 쓰레기는 그냥 야산에 투기하기에 이르렀습니다.

변화의 시작은 가미카쓰 마을 인근에 사는 사람들까지 이곳에다 쓰레기를 버려 마을 전체가 쓰레기장으로 변하면서부터였습니다. 1990년대 초까지 집집마다 소각장이 있어서 비닐, 타이어 등 모든 생활 쓰레기를 태워 없앴습니다. 그러다 화재가 빈번해지자 마을에 소각장을 만들었는데 계속 쓰레기가 늘어나서 소각장을 또 하나 만들어야 하나 말아야 하나 고민하다가 아예 소각장을 다 없애기로 결정했습니다. 소각이 환경을 파괴하고 건강에 해롭다는 것, 쓰레기를 없애야 마을이 살 수 있다는 걸 알게 된 거지요. 쓰레기 제로 운동은 2003년부터 시작했습니다. 지금 가미카쓰 마을 쓰레기의 80퍼센트는 재활용하고 음식물 쓰레기는 100퍼센트 퇴비로 쓰며, 나머지는 매립합니다. 취재를 하는 쪽에서 번거롭지 않느냐고 질문을 던지니 당연히 번거롭다는 대답이 돌아왔습니다. 다만 번거로움의 대가를 알기에 마을 사람들은 이런 노력을 하는 거겠지요.

재활용이 제대로 되려면 무엇보다 분리배출이 잘돼야 합니다. 플라스틱은 오염 물질이 남지 않도록 깨끗이 헹구고 붙은 종이나 비닐 라벨을 떼고 뚜껑을 분리해야 합니다.

참기름병은 브랜드와 상관없이 포장재가 대체로 동일합

니다. 진한 갈색 유리병에 플라스틱 캡 그리고 종이 라벨이 붙어 있습니다. 이걸 버리려면 제일 먼저 플라스틱 캡과 유리병을 분리해야 하는데 이 과정이 쉽지 않습니다. 저도 다칠 뻔했던 적이 여러 번 있으니까요. 일본에는 이 캡을 제거하는 도구도 시판하는 걸로 압니다. 시민들이 문제의식을 갖고 요구하면 시장은 그에 따라 움직입니다. 저는 실리콘 냄비 받침 위에 다 쓴 기름병을 눕히고 커터 칼로 조심스럽게 플라스틱 캡을 제거합니다. 그리고 병 안에 묻은 기름기를 뜨거운 물과 설거지용 세제를 이용해서 제거합니다. 마지막으로 종이 스티커가 남습니다. 요즘은 잘 떼어지는 스티커도 있지만 대부분 기름병에 붙은 종이 스티커는 분리가 쉽지 않습니다. 가라앉도록 병에 물을 가득 담아 싱크대에 반나절 담가 둡니다. 그러면 종이 스티커가 잘 떼어집니다. 며칠에 걸쳐 이런 복잡하고 번거로우며 때론 위험을 감수해야 하는 과정을 거치다 보면 이토록 재활용이 힘든 병을 생산하도록 내버려둔 시스템에 분노가 치밉니다.

저는 이런 분노를 시민 한 명 한 명이 느끼길 바랍니다. 그래야 시스템이 바뀔 테니까요. 번거롭기 때문에 재활용이 불가능할 거라는 걸 알아도 그냥 버리는 개인에게 책임을 물을 수는 없습니다. 생산할 때부터 재활용이 쉽도록 시스템을 바꾸면 재활용률은 높아질 수밖에 없습니다. 재활용을 잘하자는 구호에만 그치고 실제 어떻게 분리배출을 해야 하는지에 대한 안내가 미흡한 점도 아쉽습니다. 환경부가 발표한 제6차 전국 폐기물 통계 조사 중 일회용품이 배출되는 방식을 보면, 종량제 봉투에 혼합 배출되는 양이 재활용 가능 자원으로 분리배출되는 양의 두 배 이상인 것으로 나타났어요.

시스템이 바뀔 때까지 현 시스템에서 재활용률을 높일 수 있는 최선은 분리배출을 엄격하게 하는 것이지만, 이보다 선행돼야 할 게 있습니다. 바로 개개인의 재활용과 소비에 대한 인식 변화입니다. 재활용은 소비 이후가 아니라 최소한의 소비를 전제로 생각해야 합니다. 재활용은 만능이 아니며 소비의 면죄부가 돼서도 안 됩니다. 무엇보다 쓰레기 발생을 최소화하는 게 전제돼야 합니다. 이런 생각이 바탕이 돼야 순환할 수 있는 재질로 제품을 만들고, 그 제품을 거둬들여 재활용하는 시스템을 구축할 수 있습니다. 관련 행정 기관에서는 그냥 버려지는 많은 물품이 귀한 자원이라는 사실과 더불어 재활용 원리나 과정, 사례도 시민에게 더욱 친절히 안내해 주면 좋겠습니다.

　　빌딩 외장이 유리 재질로 바뀐 지는 꽤 됩니다. 이렇게 하면 건물 내부에서 너른 시야를 확보하기에 좋습니다. 도시에 있는 투명한 건물은 푸른 하늘을 반영하고, 숲 가까이에 있는 투명한 건물은 울창한 숲을 그대로 반영합니다. 삭막한 빌딩 숲은 이런 반영으로 때로 아름다워 보이기까지 합니다. 어쩌면 그런 효과까지 염두에 둔 건축 기술일지도 모르겠네요. 그런데 이 아름다움이 새를 죽음으로 이끈다면 어떨까요?

　　과거에는 도로 방음벽이 그 너머를 볼 수 없는 금속 재질이었던 것 같은데 어느 순간부터 뒤쪽이 훤히 보이는 투명 방음벽으로 바뀌었습니다. 주택지가 점점 도로 가까이 들어서면서 거주민들이 조망권을 요구했기 때문입니다. 조망권, 물론 중요합니다. 풍경을 보며 살 권리를 침해받아서는 안 됩니다. 그런데 일방적인 권리는 누군가에게는 폭력일 수 있습니다. 내 권리는 보호받으면서 무수한 생명의 생존권을 침해한다면 그건 공정하지 않습니다. 몰라서 조망권만 주장했다면 이제는 알아야 합니다. 이 땅에서 유리창에 부딪혀 하루에 2만 마리, 일 년이면 800만 마리 새가 죽음으로 내몰리고 있습니다. 투명한 고층 빌딩, 방음벽 때문에 새가 자유로이 날아야 할 창공은 어느새 보이지 않는 덫이 됐습니다.

미국에서는 한 해에 약 3억 마리의 새가, 독일에서는 약 1억 마리의 새가 유리창에 부딪혀 목숨을 잃습니다. 오랜 시간 쌓인 통계에 따르면 새가 목숨을 잃는 직접 원인은 첫 번째가 고양이 공격, 두 번째가 유리창 충돌입니다. 2017년부터 국립생태원에서는 전국 규모로 새 유리창 충돌 실태 조사를 실시하고 있습니다. 특히 작은 새가 많이 부딪혀 죽고 이는 작은 새를 먹이로 하는 맹금류 개체 수에도 영향을 미칩니다. 우리나라에서 조류 생태계 최상위 포식자는 맹금류가 아니라 유리창이나 투명 방음벽인 셈입니다. 유리창만이 아니라 유리로 마감한 빌딩 외장도 새 충돌 사고를 높이는 데에 일조합니다. 유리가 아닌 투명 재질 역시 마찬가지입니다. 우리나라 도로에 있는 투명 방음벽 어디에서든 새 사체나 부딪힌 흔적을 만나는 일이 어렵지 않습니다. 설마 그 정도일까 싶었어요. 도무지 믿기지가 않아 한번은 국도를 달리다 갓길에 차를 세우고 투명 방음벽을 살펴봤습니다. 새들이 와서 부딪힌 흔적이 없는 곳을 찾기가 어려울 지경이었습니다. 새가 정면으로 부딪혀서 가슴 깃털까지 구분할 수 있을 정도로 선명하게 자국을 남기기도 했고, 또 어떤 흔적은 머리 부분만 선명했습니다. 높은 방음벽에 부딪히고는 떨어지다 나뭇가지에 걸린 새 사체도 발견했습니다.

높은 곳에서도 정확히 먹잇감을 확인할 수 있을 만큼 시력이 좋은 새가 어째서 방음벽에 자꾸 부딪히는 걸까요? 맹금류를 제외한 대부분의 새 눈은 사람처럼 앞쪽이 아니라 양옆에 하나씩 있습니다. 그래서 좌우를 넓게 살필 수는 있지만 거리는 잘 파악하지 못해 앞에 있는 방음벽을 쉽게 피하지 못합니다. 그리고 아무리 시력이 좋다 해도 유리를 본다는 건 사실 불가능한 일입니다. 우리가 인식하는 유리라는 것도 실은 창틀이 있기 때문에 그곳에 유리가 있을 거라 짐작할 뿐입니다. 우리 역시 유리에 부딪혀 본 경험이 의외로 많다는 사실을 상기해 보면 쉽게 이해할 수 있을 거예요. 투명 방음벽에는 눈에 띄는 프레임도 있는데 그건 왜 또 못

보는 걸까요? 숲으로 날아가는 새를 관찰해 보면 대부분 나무 위로만 날지 않는다는 걸 알 수 있어요. 촘촘한 나뭇가지 사이로도 아주 잘 날아다닙니다. 금방이라도 가지에 부딪힐 것처럼 아슬아슬해 보이는데도 굳이 새가 좁은 틈새로 나는 건 최대한 에너지를 적게 소비하면서 목적한 바를 이루기 위해서입니다. 새에게는 날갯짓이 곧 에너지 소비이기 때문이지요. 그러니까 새는 방음벽 프레임을 봤더라도 투명한 부분을 뚫린 공간으로 인식하고 지나가려다 부딪히는 것입니다.

이런 충돌을 방지하는 방법 가운데 하나로 등장한 게 맹금류 모양 스티커인 버드세이버입니다. 포식자인 맹금류 스티커를 창에 붙여서 작은 새가 피해 가게끔 하려는 의도입니다. 아이디어는 좋지만 스티커를 촘촘히 붙이지 않으면 별로 도움이 되지 않습니다. 국립생태원에서 새가 자외선을 볼 수 있다는 점을 이용해 유리창이나 방음벽에 자외선을 반사하는 불투명 테이프를 붙였더니 충돌 사고가 거의 일어나지 않았습니다. 유리창에 점만 찍어도 새의 목숨을 구할 수 있습니다. 가로세로 10×5센티미터 간격은 새들이 인지하고 피할 수 있는 공간이라고 합니다. 단지 점만 찍어도 목숨을 건질 수 있다면 이 정도는 할 수 있지 않을까요? 창공을 온전히 돌려주지 못한다면 적어도 피할 수는 있도록 조치를 취해 줘야 합니다.

새 유리창 충돌 사고는 인간의 입장만 생각해서 벌어지는 비극입니다. 너른 시야 확보, 빌딩의 미관은 고려했으나 함께 살아가는 생물의 생존권은 고려하지 못한 결과입니다. 투명한 비극은 새와 사람이 함께 살기를 바라는 마음만 있다면 얼마든지 줄일 수 있습니다. 우리가 원하는 세상이 지저귀는 새소리가 사라진 텅 빈 하늘은 아니잖아요. 함께하고자 하는 태도야말로 지극히 '인간다운' 일이 아닐까요?

2013년 서울대공원에서 사육사가 호랑이 로스토프에게 물려 죽는 끔찍한 사고가 발생했습니다. 당시 일각에서는 로스토프를 어서 사살해야 한다고 했습니다. 대공원 측은 고민에 빠졌습니다. 로스토프는 푸틴 러시아 대통령이 선물한 '외교 호랑이'였기 때문입니다. 결국 대공원 측은 로스토프를 따로 격리하고 공개하지 않는 것으로 결정했습니다. 2018년에는 동물원 사육장에서 8세 퓨마 뽀롱이가 탈출했습니다. 사육사가 우리 문 잠그는 걸 깜빡하는 바람에 일어난 일이었습니다. 뽀롱이는 동물원 내 야산에 있다가 발견돼 마취총에 맞았으나 그대로 달아났고 결국 사살됐습니다. 탈출한 지 4시간 30분 만에 벌어진 일이었습니다. 2023년에는 어린이대공원에서 얼룩말 세로가 탈출했고, 다행히도 생포해서 다시 동물원으로 돌아갔어요. 만약 마취총으로 세로를 생포할 수 없었다면 어떻게 되었을까요?

동물원에 있는 동물이 사람을 공격하거나 탈출한 경우 대개 사살됩니다. 이런 사건을 접할 때마다 저는 인간이야말로 무섭고 이기적인 동물이라고 생각합니다. 야생에서 살아야 할 동물을 우리 안에 가둔 것도, 동물원 시설을 관리하는 것도, 인공 공간에서 동물이 받을 스트레스를 깊이 살피지 않은 것도 모두 우리인데 범죄자 취급을 받는 건 언제나 동물입니다. 동물이 사육사나 다른 사람을 공격하는 행위를 옹호하려는 게 아닙니다. 애초에 이런 비극이 일어나는 건 동물원이 있기 때문이고, 동물원은 인간 중심적인 발상에서 생긴 공간이라는 겁니다.

18세기 중반, 일반에 공개된 첫 번째 동물원인 오스트리아 쇤부른 동물원은 강력한 왕권을 드러내는 공간이었습니다. 19세기 초반부터는 동물원에 대한 인식에 변화가 일었습니다. 영국 리젠트 파크에 있는 런던 동물원을 시작으로 동물 입장을 생각하는 동물원도 생기기 시작했습니다. 그러나 아무리 동물을 위한다고 하여도 동물원은 동물원입니다.

이런 사고가 발생하면 동물원 존속, 폐지 논란이 들끓습니다. 존속해야 한다는 쪽에서는 동물원이 생태 지식을 습득하고 멸종 위기에 처한 동물을 보호, 관리하는 공간이기에 필요하다고 주장합니다. 동물원 환경을 최대한 종 서식 환경과 비슷하게 조성하려는 노력도 엿보이기는 합니다. 그러나 대부분 동물은 열악한 환경에서 버티듯 살아가는 게 현실입니다. 아무리 서식 환경과 비슷하게 조성하려 해도 그건 비슷할 뿐 자연스런 환경은 아닙니다.

2018년 폭염 때 동물원의 동물은 더욱 극심한 고통에 시달렸습니다. 에버랜드에 있는 북극곰 통키의 고향은 북극입니다. 북극곰이 사는 북극은 바다이며, 연평균 기온이 영하 40도쯤 됩니다. 그러나 2018년 폭염에 통키는 영상 40도 가까이 오르고 철저히 가려진 우리 속에서 외부와 단절된 채 지냈습니다. 당시 우리에 있는 커다란 수조는 텅 비어 있었습니다. 수영을 해야 하는 습성 때문이기도 하고 더위를 식히기 위해서라도 수조에는 물이 있어야 했는데도 말입니다. 에버랜드 측은 수조 물을 다 채우려면 8시간도 넘게 걸린다고 하는데, 이게 과연 시간의 문제일까요? 이러한 보도 이후, 통키를 사육 환경이 좋은 영국 요크셔 야생동물공원으로 보낼 예정이었으나 같은 해 10월, 이전을 앞두고 실내 방사장에서 숨겼습니다.

동물은 갇힌 곳에서 어떤 생각을 하며 지낼까요? 동물이 무슨 생각을 하냐고요? 왜 생각을 할 수 없다고 생각하나요? 야생에 살던 동물을 동물원이라는 지극히 제한적이고 별반 자극이랄 것도 없는 밋밋한 공간에 가둬 놓고, 끊임없이 사람들에게 노출시키면 정상적인 생활이 불가합니다. 그런 환경에서는 틀에 박힌 행동을 반복하는 정형 행동이 생겨날 수밖에 없지요. 머리를 반복적으로 흔들거나 벽에다 박거나 같은 공간을 계속 오가는 행동을 보이면 동물이 받는 스트레스가 상당하다는 것으로 해석해야 하지 않을까요? 그렇지만 동물원을 방문하는 사람들은 대체로 동물을 주의 깊게 관찰하기보다는 그 앞에 잠시 서서 본 뒤 지나치기 때문에 이런 행동이 이상하다고 눈치채기란 쉽지 않아요. 이런 문제를 해결하고자 동물원 측에서 행동 풍부화 프로그램을 적용해 보기도 하지만 야생 환경을 대신할 수는 없습니다.

프랑스 소설 《파리의 식인종》에는 1931년 파리에서 열린 식민지 박람회에서 마치 동물원의 동물처럼 우리에 갇혀 전시된 남태평양 누벨칼레도니 원주민들 이야기가 나옵니다.

"빵이라든가 바나나, 땅콩, 캐러멜 따위를 던져주곤 했다. 심지어 돌멩이를 던지는 사람도 있었다. 그런 사람들 앞에서 우리네 여자들은 춤을 추고 남자들은 리듬에 맞춰 통나무를 파야 했다. 또한 오 분마다 우리 가운데 한 명이 구경꾼들 가까이 다가가서는, 그들을 놀래주려고 이빨을 모조리 드러낸 채 사나운 짐승처럼 비명을 질러야 했다. 우리는 단 일 분도 쉴 새가 없었다. 우리의 식사까지도 볼거리의 일부였다."●

그곳에서 살아 돌아온 고세네의 분노에서 원주민들이 느꼈을 수치심이 고스란히 전해집니다. 그런 수치심은 비단 인간만 느끼지 않을 것입니다. 누벨칼레도니 원주민의 분노는 전할 수나 있었지만, 동물원에 갇힌 동물들은 그들의 수치심을, 분노를 전할 길이 없습니다. 표출할 수 없다고 느끼지 못할 거라 단정 지을 근거는 없습니다. 동물이건 사람이건 자기에게 맞는 환경에 있을 때 가장 자연스럽고, 그런 환경에서 살아갈 권리가 있습니다. 그러기에 사고나 특별한 이유로 도저히 자연에서 살 수 없어 보호해야 하거나 관리가 필요한 동물을 제외하고는 우리에 갇혀 자유를 구속당하는 동물이 더는 없어야 합니다. 자유를 속박당한 동물을 유희의 대상으로 생각하고 찾아가며 동물원을 소비하는 사람이 없다면, 그럼에도 불구하고 동물원이 존재할까요?

● 디디에 데냉크스, 《파리의 식인종》, 도마뱀, 2007

　몇 년 전, 서울의 어느 공원 숲 방사장에 살던 꽃사슴 한 마리가 목뼈가 부러지며 쇼크사했습니다. 방사장 가까이 와서 도토리를 줍던 시민을 보고 놀라 황급히 달아나려다 펜스에 부딪히며 사고를 당한 것으로 전해졌습니다. 너무나 애통한 일입니다. 그 시민은 도토리로 뭘 하려 했던 걸까요? 목숨과 맞바꿀 만큼 귀한 데에 쓰려 했을까요?

　저희 동네 뒷산 초입에는 '도토리 채취 금지'라고 적힌 현수막이 붙어 있습니다. 야생 동물이 먹어야 하니 도토리를 줍지 말라는 설명이 그 아래 짤막하게 적혀 있습니다. 그 현수막 바로 옆에서 아주머니 한 분이 열심히 도토리를 줍고 있었습니다. 현수막 글귀를 못 봤을 수도 있겠다 싶어 일러

줄까 하다 가던 걸음을 계속 걸었습니다. 그런 말이 통할 정도였다면 애당초 도토리를 줍지 않았을 테니까요. 둘레길을 걷다 보면 밤송이를 억지로 벌려 아직 다 여물지도 않은 옅은 갈색 밤이 아무렇게 버려진 모습도 심심찮게 봅니다. 야생 동물은 열매가 익었다는 걸 정확히 압니다. 그러니 덜 익은 밤송이를 털었다는 건 분명 사람 소행이겠지요.

여문 도토리가 숲 바닥으로 투두둑 떨어지는 소리로 가을 숲은 깊어 갑니다. 이 무렵이면 저는 숲 바닥에 떨어진 도토리를 눈에 띄는 족족 주워서 멀리 사람 발길이 닿지 않는 숲 안쪽을 향해 힘껏 던집니다. 제발 사람 눈에 띄지 않길, 겨우내 춥고 힘들 야생 동물의 배를 채워 주길 바라면서요. 도토리는 작고 귀여워 바닥에 떨어져 있으면 줍고 싶은 마음이 들 때도 있습니다. 그런데 막상 한두 개 주워 온 도토리는 문명의 이기 속에 잘 섞이지 못하고 어딘가 겉돌며 말라 가다가 결국 쓰레기통에 처박힙니다. 제 경험입니다. 저처럼 예뻐서 한두 개 주워 간 사람이 열 명이라면 적어도 스무 개 남짓 됩니다. 만약 백 명이라면, 아니 천 명이라면, 왕창 주워 간 사람까지 생각하면 숲에서 우리가 가져간 도토리는 가늠할 수 없을 만큼 많아집니다. 그리고 가져간 만큼 숲에 사는 동물들은 배를 곯지 않을까요?

도토리를 좋아하는 동물은 다람쥐만이 아닙니다. 어느 해 가을날 뒷산을 거닐다가 바닥으로 내려와 분주하던 어치를 본 적이 있어요. 발걸음을 멈추고 살펴보니 입안 가득 문 도토리를 수북한 낙엽 밑에 숨기고 있었습니다. 숲 바닥에 숨겨 두고 겨우내 꺼내 먹을 계획일 텐데 간혹 잊어버리고 못 찾아 먹기도 합니다. 바닥에 떨어진 도토리가 저절로 싹을 틔우고 참나무가 될 확률은 낮습니다. 땅속에 적당히 묻혀야 제대로 뿌리를 내리고 싹을 틔울 수 있기 때문입니다. 어치가 바닥에 숨겨 놓은 도토리는 '적당히' 묻히게 됩니다. 그런 도토리는 적당한 깊이에서 제대로 뿌리를 내리고 교목으로 자랄 확률이 높아집니다. 숲이 울창한 데에는 어치 공이 적지 않습니다.

몇 년 전에는 서울 광화문 네거리까지 멧돼지가 내려왔다가 사살된 적이 있습니다. 산에 인접한 도시 아파트나 농가에는 이따금 멧돼지며 고라니가 내려옵니다. 특히 농가에 내려와 밭을 헤집어 놓아 골칫거리가 되자 해결책으로 사냥이 합법화됐습니다. 아프리카 돼지 열병이 돌자 멧돼지 씨를 말리고자 사살하는 일도 있었지요. 이런 일이 반복된다면 겨울철에 농가까지 멧돼지가 내려왔다는 이야기도 호랑이 이야기처럼 옛이야기가 될지 모르겠습니다. 멧돼지처럼 덩치가 큰 야생 동물이 나타나면 사람들은 그 연유를 찾기도 전에 자신의 안전을 염려해 동물을 제거하기에 바쁩니다. 사람의 안전이 중요하지 않다는 게 아니라 대체 왜 야생 동물이 농가, 심지어는 사람들로 북적이는 도심까지 내려왔는지 그걸 먼저 생각해 봐야 하지 않을까요? 야생에 사는 동물은 모두가 사람을 경계합니다. 그럼에도 불구하고 사람 사는 동네까지 내려온다는 건 숲속 곳간이 텅 비었기 때문일 겁니다.

겨울은 숲에 사는 동물에게 커다란 장벽과도 같은 시간입니다. 길게는 반년 가까이 앞을 떡하니 가로막고 서서 야생의 삶을 가장 크게 통제하는 이 계절을 잘 벗어나야 야생 동물은 성체로 자라 번식하며 세대를 이어 갈 수 있습니다. 그렇기에 야생 동물에게 가을은 더없이 귀한 시간입니다. 혹독한 겨울에 대비해 식량을 비축하는 시기이기 때문이지요. 그러니 가을 숲에 있는 도토리를 비롯한 자연의 먹을거리는 이들에게 생명 줄이나 다름없는 절실함입니다.

다행히 요즘은 야생 동물의 몫에 손을 대지 않고 궁핍한 시기를 보낼 야생 동물에게 먹이 주는 일에 앞장서는 이들도 있습니다. 진정한 멋쟁이라 생각하며 힘껏 박수 쳐 주고 싶습니다. 이런 사람들의 아이디어 가운데 하나가 바로 '도토리 저금통'입니다. 재미는 도토리를 주우며 느낀 걸로 충분하니 산에서 내려오는 길에 주운 도토리는 다시 숲으로 돌려주자는 취지입니다. 도토리 저금통의 의미를 알고 나면 주머니를 털리는 일이 즐겁기까지 합니다. 이처럼 야생 동물이 난관을 뚫고 봄볕 따사로운 시간을 맞이할 수 있도록 돕는 방법을 우리는 이미 알고 있습니다.

가창오리가 뉴스 한가운데에 등장했던 때가 있어요. 시베리아 동부 아무르주에서 오호츠크해 연안과 캄차카반도에 이르는 지역에서 번식하는 가창오리는 해마다 겨울이면 우리나라에 와서 월동을 하지요. 우리나라에 오는 겨울 철새가 대략 130만 마리쯤 되는데 이 가운데 가장 많은 종이 오리류이고 그중 개체 수가 가장 많은 종이 가창오리입니다. 가창오리는 해 질 무렵 군무로 유명합니다. 붉은 석양을 배경으로 펼쳐지는 가창오리들의 다양한 몸짓은 자연의 경이로움 그 자체니까요. 크게는 비행기 기체의 10배에 달하는 거대한 움직임으로 창공을 가르며 군무를 펼치는 모습은 말로 형언키 어려운 아름다움입니다. 영국 BBC, 미국 CNN에도 가창오리 군무가 소개되었는데 이런 아름다움을 만끽할 수 있는 곳이 지구에서 우리나라가 유일해요. 전 세계 개체 수를 30~40만 마리로 추산하는데 이 가운데 90퍼센트 이상이 한반도에서 월동하는 것으로 알려져 있기 때문입니다. 가창오리 수컷은 얼굴에 독특한 문양이 특징인데 보기에 따라 태극무늬를 연상시켜요.

이토록 매력적인 가창오리가 이번에 세간의 관심을 끈 까닭은 군무가 아닌 제주항공 참사의 원인으로 지목받으면서였지요. 이들은 금강 하굿둑이 생기며 형성된 금강호에 겨울이면 찾아와 주로 머물러요. 금강호를 중심으로 위로는 충남 서천에서 아래로는 해남에 이르는 지역이 이들의 월동지입니다. 무안공항은 유네스코 세계자연유산에 등재된 한국의 갯벌 가운데 하나인 신안 갯벌이 반경 8킬로미터 안에 있을 뿐만 아니라, 심지어 무안 갯벌 안에 자리하고 있지요. 갯벌은 먼 거리를 이동하는 새들이 휴식을 취하고 양분을 보충하는 새들의 밥상입니다. 조류 충돌을 자처한 공항 부지라고 볼 수밖에 없어요. 더구나 한반도 전체를 전 세계 철새 이동 경로 9개 가운데 호주와 시베리아를 남북으로 오가는 동아시아-대양주 철새 이동 경로EAAFP가 관통합니다.

가창오리가 뉴스에 등장하자 비판의 목소리가 터져 나왔

어요. 그 가운데 정파적인 발언도 있고 철새 도래지에 새 공항 건설은 절대 불가하다는 목소리도 있었어요. 철새 도래지를 보전해야 한다는 주장에는 동의하지만 그렇다면 기존 공항들은 철새 도래지에서 자유로운지, 철새 도래지가 아니어도 새들은 창공을 날아다닐 텐데 이 부분은 괜찮다는 건지 궁금했습니다. 마침 참사에 연루된 새가 가창오리이다 보니 철새에 주목하지만 모든 새는 창공을 자유로이 날아다녀요. 이미 지어진 공항의 위치를 살펴보니 인천공항은 애당초 바다로 둘러싸인 섬에 지어졌으며 김포공항은 가까이에 한강이 있습니다. 양양공항, 김해공항 역시 바닷가에 자리하고 있어요. 바다에는 갈매기를 비롯한 새들이 많이 서식하기 마련이에요. 철새 도래지가 확률적으로 조류 충돌이 높은 건 사실이지만 새는 어느 창공이든 자유롭게 날며 살아가는 존재라는 사실을 간과하면 안 될 것 같아요.

방음벽이며 건물 유리창에 부딪혀 일 년이면 800만 마리의 새가 사라지는데, 겨울 철새의 6배가 넘는 숫자입니다. 풍력발전 타워에 부딪히거나 블레이드에 휘말려 사라지는 조류는 어느 정도일까요? 현실이 이러하다고 조류 보호 차원에서 건물에 유리창을 없애자거나 풍력발전을 짓지 말자고 하는 건 해법이 될 수 없습니다. 유리창에 점을 찍어 충돌 확률을 현저히 낮출 묘책을 알고 있으니까요. 풍력발전 타워나 블레이드에 표식을 해서 새들의 접근을 차단하는 방법도 있습니다. '8킬로미터 안에 조류 보호구역이 있는 곳에 공항 건설은 안 된다'는 법만 제대로 지켜도 조류 충돌 확률을 확연히 낮출 수 있지요. 무안공항이 국내 공항 가운데 조류 충돌이 가장 많다는 통계가 있으나 새만금 신공항 건설 계획지 13킬로미터 이내에서 예상되는 조류 충돌 위험도는 무안공항과 비교했을 때 수백 배 더 높다는 통계가 있어요. 제주 제2공항 후보지들 역시 모두 철새 도래지에서 8킬로미터 이내에 있습니다. 가덕도 신공항 건설 예정지는 태풍의 길목인 데다 활주로 예정지 위쪽에 가덕도에서 가장 높은 연대봉이 우뚝 솟아 있어요. 맹금류들은 상승기류를 타고 이동을 하기에 이리로 모일 확률이 높습니다. 새들의 생태를 활용해서 인간과 비인간의 갈등을 최소화할 방법을 더 늦기 전에 찾아야 하지 않을까요? 관리되는 위험은 참사로 이어지지 않습니다.

지역에 공항이 들어서 편리해질 것이라는 청사진에 꽂혀 있는 동안 우리가 안전을 놓치고 있는 건 아닐까요? 타산이 맞지 않아 적자가 쌓이는 공항이 꽤 많다는 사실은 잘 알려지지 않고 있어요. 그러기에 선거철만 되면 공항 건설은 공약의 단골 메뉴로 등장하지요. 국토 곳곳에 공항 건설이 정말 필요한지, 표를 얻기 위한 세금 낭비인지 이제 따져 물어야 합니다.

숱한 참사를 겪으면서도 우리 사회에서 왜 생명과 안전이 최우선 가치가 되지 못하고 있는 걸까요? 개발로 우리의 삶이 풍요로워질 거라 기대하지만 언제나 그렇지는 않다는 걸 이번 참사를 계기로 우리 사회가 깨닫길 바랍니다. 지구가 얼마나 촘촘한 그물로 엮인 생태계인지 이번 참사를 통해 통렬히 깨달았으면 합니다. 개발에서 늘 간과했던 비인간 존재도 지구에서 더불어 살아가고 있다는 사실 역시 아프게 기억해야만 해요. 가창오리는 죄가 없으니까요.

　　유엔 산하 자문 기구인 지속가능발전해법 네트워크SDSN는 해마다 〈세계 행복 보고서World Happiness Report〉를 발간합니다. 이 보고서에는 각 나라 국민 스스로가 자신의 삶의 질을 평가하는 주관적 행복도를 측정한 행복 지수를 실어요. 국내총생산GDP, 기대 수명, 사회적 지지, 자유, 부정부패, 관용 등 6개 항목의 3년간 자료를 토대로 행복 지수를 산출한 뒤, 순위를 매깁니다. 행복에 왜 순위를 매기냐며 동의하지 못할 사람도 분명히 있을 거예요. 그럼에도 행복 지수에 관심이 가는 것은 행복한 삶이 가능하려면 어떤 부분이 충족되어야 하는지 나름의 기준을 엿볼 수 있기 때문입니다. 핀란드는 2025년까지 8년째 1위 자리를 지키고 있고 유럽 여러 나라가 행복 지수 상위권을 휩쓸고 있어요.

핀란드 하면 행복이 연결되는 이미지이기에 핀란드 사람들은 늘 행복한 삶을 살아왔을 것 같지만 사실 핀란드의 역사를 살펴보면 행복과는 거리가 멉니다. 일제강점기를 거쳐 독립한 이후 한국전쟁을 치렀던 우리와 비슷한 역사가 있거든요. 핀란드는 오랜 시간 스웨덴과 제정 러시아의 식민 지배를 받았어요. 1917년 러시아 혁명 후 독립을 이뤄 냈지만 1939년 소련^{소비에트 연방}의 침공을 받아요. 이런 핍박의 시간을 거치며 핀란드 사람들에게는 검소함이 몸에 배었다고 해요. 군사적으로 러시아와 국경을 맞대고 있고 러시아-우크라이나 전쟁으로 긴장이 고조되는 등 강대국의 위협이 늘 상존하고 있지요. 겨우 100여 년의 역사에 자원이 풍부한 것도 아닌데 핀란드 국민은 어째서 이토록 행복하다고 생각하는 걸까요?

핀란드에는 중고 가게가 정말 많아요. 키르푸토리^{kirpputori}라고 쓴 간판을 자주 보게 되는데요. 핀란드어로 벼룩시장, 중고 가게란 뜻입니다. 물가가 비싼 핀란드에서 좋은 물건을 저렴하게 고를 수 있는 곳이 바로 키르푸토리거든요. 중고 가게가 많다는 것은 이용자가 많다는 뜻입니다. 카페만큼이나 많아서 볼일 중간에 시간이 남을 경우 중고 가게에 들어가 필요한 물건을 살필 수도 있다고 해요. 우리나라에도 녹색 가게, 아름다운 가게, 굿윌스토어 등의 중고 가게가 있지만 그 수가 적어서 접근이 쉽지 않아요.

핀란드 사람들이 연간 사용하는 비닐봉지 개수가 화제가 되었던 적이 있어요. 2019년 기준 1인당 68개로 2025년까지 40개로 줄이는 걸 목표로 하고 있어요. 한국환경공단의 자료에 따르면 같은 시기 우리나라 평균 비닐봉지 사용량은 약 414장으로 OECD 평균보다 훨씬 높은 편입니다. 핀란드인의 환경 인식 수준은 높습니다. 많은 공중화장실에 다회용 리넨 타월이 있어요. 사용한 부분은 기계로 들어가 자동 살균되면서 몇 번이고 사용 가능합니다. 핀란드는 삼림이 풍부해서 제지 산업이 발달한 나라인데도 종이 타월 대신 리넨 타월을 선호합니다. 반면 천연 펄프를 100퍼센트 수입하는 우리는 종이 타월이나 핸드드라이어를 많이 사용합니다. 공중화장실에서 '한 장이면 충분합니다'라는 문구가 붙어 있는 장면을 종종 목격할 수 있는데요. 한 장을 사용하는 사람들이 대다수라면 굳이 붙여 놓을 이유가 없지 않을까요?

핀란드에도 독일 판트 같은 제도가 있어요. 빈 병뿐 아니라 캔과 페트병까지 보증금 제도에 포함하고 있지요. 유럽 최대 철강 제조 기업인 오우토쿰푸OutoKumpu는 지속 가능한 철강업을 주도하고 있어요. 2022년 기준 재생 원료 사용률이 94퍼센트였고요. 생산 공정에서 발생하는 철강 슬러그와 쇳가루 등을 건설 자재 원료로 100퍼센트 재사용하고 있어요. 오우토쿰푸 부사장인 요하 에르킬라는 2023년 핀란드 헬싱키에서 열린 세계 순환 경제 포럼에서 '오우토쿰푸는 철강 회사가 아닌 재활용 회사'라면서 기업의 순환 경제 실천 철학을 강조했어요. 탄소 배출을 줄이는 계획도 꼼꼼하고 확실하게 세우고 있더군요. 피스카스FISKARS 기업은 1649년에 설립되어서 300년 넘게 가위를 비롯한 절단 도구를 만들어 온 핀란드의 유서 깊은 대표 기업인데요. 로열 덜튼, 로열 코펜하겐, 웨지우드 등의 브랜드들이 이 회사의 자회사입니다. 기업의 중고 제품을 사고파는 빈티지 숍을 운영하고, 사용 중인 프라이팬에 코팅과 세척 서비스를 제공합니다. 새로 사지 말고 오래 사용하라는 의미겠지요? 그뿐 아니라 재사용 원료나 생분해성 원료로 만든 제품을 개발하며 원료를 회수해서 재활용률을 높여 제품 생산부터 유통에 이르는 과정에서 발생하는 쓰레기를 줄이려 노력하는 기업입니다. '환경을 생각하는 기업이라면 이래야 한다'는 당위를 실천하는 기업이 가능하다는 걸 보여 주는 사례이지요.

저는 이런 기업이 핀란드에서 생겨날 수 있는 배경이 행복 지수와 관련이 있다고 생각합니다. 핀란드 사람들에게는 '보통 사람들의 법칙'이라는 게 있어요. 모든 사람은 평등하고 평범하다는 생각이지요. 그리고 틀림과 다름의 의미를 명확하게 구분하고 타인의 취향을 존중하며 무엇보다 다른 사람의 인생에 크게 관심이 없고 자기 인생을 살아요. 자신의 취미가 소중한 삶이라고 생각해 보면 어때요? 핀란드는 잘 알려져 있듯이 복지 국가인데요. 이 복지에 드는 비용은 많은 세금이 있어서 가능합니다. 부자들은 기꺼이 많은 세금을 내고요. 내 형편이 어렵다면 국가의 복지 혜택을 누리면 그뿐이에요. 제가 청소년 대상 강의를 다니다 보면 꿈이 건물주, 돈 많은 백수라는 학생들을 어렵지 않게 만납니다. 노력하지 않고 편안히 살겠다는 발상인데요. 우리나라 기성세대의 책임이 크다고 생각합니다. 핀란드에서는 노동을 하지 않고 벌어들인 소득에 어마어마한 세금이 부과됩니다. 기업을 운영하면서도 환경을 생각하고, 남이 가진 게 부러운 게 아니라 내가 어떤 취미를 즐기며 인생을 행복하게 살 것인가를 고민하는, 그런 삶의 철학을 우리라고 꿈꾸지 못할 이유가 있나요?

제 모교에는 20세기 초에 지은 고풍스러운 건물이 몇 있어요. 그 가운데 가장 오래된 건물이 스팀슨관인데 100년이 넘은 근대식 건물로 고딕 양식으로 지어졌습니다. 근대식 건물이 그것 말고도 2개가 더 있는데 모두 가까이 모여 있어요. 그리고 세 건물 모두 담쟁이덩굴이 건물 외벽을 덮고 있지요. 캠퍼스에서 가장 아름다운 공간이지만 제가 다니던 공과대학은 이 멋진 건물들과는 가장 먼 교문 근처에 있습니다. 그러다 보니 4년 동안 그곳에 갔던 게 손에 꼽을 정도죠. 오히려 졸업하고 이따금 그곳이 생각나 더 찾는 것 같아요. 오래된 경관이 향수를 자아내기 때문일까요? 인공물에 자연이 스며들어 빚어낸 작품이 마음을 편안하게 만드는 건 분명해요.

담쟁이덩굴은 계절마다 다른 모습으로 변화를 주기에 더 매력적입니다. 초록 잎도 싱그럽지만 가을에 알록달록 단풍이 들 때는 더 환상적이에요. 한때 담쟁이덩굴 뿌리가 건물을 부식시켜 수명을 줄인다는 주장이 힘을 얻은 적이 있었어요. 해서 학교 건물의 담쟁이덩굴을 없애느냐 마느냐가 논란이 된 적이 있었는데 일제강점기에 학교를 다녔던 독립운동가들과 당시 담쟁이덩굴을 심었던 선배들의 뜻을 기리기 위해 그대로 남겨 두기로 했어요. 천만다행인 일이 아닐 수 없습니다.

담쟁이덩굴은 여러 은유적 표현으로 쓰입니다. 스포츠 리그로 시작했지만 이제는 미국의 사립 명문 대학을 의미하는 아이비리그Ivy League도 '담쟁이덩굴이 우거진 오래된 대학들'이라는 데서 유래했지요. 담쟁이덩굴 영문이 Boston ivy 이기 때문입니다. 또 오 헨리의 단편소설 〈마지막 잎새〉에서 투병 중인 화가 존시에게 삶의 희망을 찾게 해 준 마지막 잎새 역시 담쟁이덩굴 잎이지요. 사실은 벽에 그린 그림이었지만요.

도시에서 담쟁이덩굴은 기후 위기 시대에 희망일 수 있습니다. 콘크리트 건물 벽면과 담장 그리고 방음벽 등 도시를 덮어 주는 담쟁이덩굴은 시각적인 아름다움뿐만 아니라 폭염에 달궈진 도시를 식혀 주는 효과가 있거든요. 낮 동안 달궈진 콘크리트 건물은 밤이 되어도 식지 않아 도시 열섬현상이 생기고 열대야로 사람들은 잠을 이루지 못합니다. 그렇지만 담쟁이덩굴이 사는 벽은 볕을 막아 줘 높은 열을 차단해요. 대부분 식물이 그렇듯 담쟁이덩굴도 수분을 공기 중으로 발산하는 증산 작용을 합니다. 덕분에 건물 주변 온도가 2~3도 정도 낮아져요. 광합성을 하니 이산화탄소를 포집할 뿐만 아니라 공기를 정화하는 역할까지 합니다. 담쟁이덩굴은 건물을 부식시키지도 않아요. 오히려 담쟁이덩굴이 자외선 등으로부터 건물을 보호하고 비에 의한 침식 등으로부터 벽을 보호하는 걸로 확인되었어요. 건물을 부식시키는 것이 아니라 오히려 내구성을 향상시키는 셈이지요. 기후 위기 시대에 해법으로도 손색이 없는 담쟁이덩굴을 괜한 오해로 없애 버렸다면 지금 제 모교는 어떤 모습이 되었을까요?

최근 건물 온도를 식히는 방법 중 하나로 그린 커튼이라는 것도 있어요. 담쟁이덩굴처럼 건물 외벽에 아예 접착해서 식물이 자라는 게 아니라 건물 바깥에 늘어뜨린 줄을 타고 덩굴식물이 자라면서 커튼을 쳐 놓은 듯 햇볕을 차단하는 방식입니다. 여름에 뜨거운 햇볕이 비치는 창에 커튼만 쳐도 온도를 1~2도는 낮출 수 있어요. 그래서 저는 집에 있을 때 오전과 오후 볕이 드는 방향의 창에 블라인드를 내려서 햇볕을 차단해요. 확실히 시원합니다. 그린 커튼도 비슷한 원리지요. 봄에 덩굴식물을 심으면 뜨거운 여름에는 창을 충분히 가릴 수 있을 만큼 자랍니다. 초록으로 단장한 그린 커튼 건물은 그 자체로도 멋져요. 담쟁이덩굴이 그랬듯이 증산 작용도 하고 탄소도 흡수합니다. 기후 위기 시대에 일석삼조 이상의 효과를 가져다주지요. 담쟁이덩굴을 지금 地錦이라 불렀다는데 이는 땅을 덮는 비단이라는 뜻입니다. 땅이 아닌 벽을 덮는 담쟁이덩굴은 비단만큼 가치가 있지 않나요?

담쟁이덩굴처럼 벽을 타고 오르는 나무가 또 있어요. 여름이면 주홍빛 꽃송이가 주렁주렁 열리듯 피는 능소화입니다. 능소화는 덩굴성 목본으로 벽에다 지네 다리처럼 생긴 흡착뿌리를 단단히 박으며 자랍니다. 경북 경산시 자인면에는 능소화가 피는 예쁜 집이 있'었'어요. 능소화 나이는 50년이고 능소화가 기대고 있는 적산가옥의 나이는 60년이 넘었었지요. 능소화만으로도 화려하고 아름다운데 그 배경이 오래된 적산가옥이라니요! 어느 해 이 집 앞으로 도로가 생기자

집을 가리려고 심은 능소화라고 해요. 나무는 담을 타고 얼마나 운치 있게 자랐는지 적산가옥과 잘 어울리며 아름다운 풍경화가 되었어요. 능소화 피는 여름이면 많은 이들이 그곳에 찾아와 사진을 찍으며 즐거워했어요. 능소화는 질 때 꽃이 통째로 툭 떨어지는데 꽃이 떨어진 길 또한 아름다웠어요. 문제는 많은 사람이 몰려들며 그 일대가 혼잡해지고 불법 주정차 등의 문제가 생기면서 지역 주민들이 불편할 만한 일들이 벌어졌다는 겁니다. 그러다 어느 날, 집주인이 집을 오래 비운 사이에 누군가가 능소화 줄기를 잘라 버리는 사건이 발생했어요. 이제 봄이 되고 여름이 돌아와도 말라 버린 가지만 앙상할 뿐입니다. 나무를 자른 사람이 누군지 찾지 못한 채 이 사건은 결국 미제로 남았어요. 만약 나무를 자른 범인을 찾는대도 나무가 되살아나진 못하지요. 경산시는 아름다운 풍경을 되살리고자 비슷한 능소화를 찾아 2023년 식목일에 심었어요.

규모가 크든 작든 한 지역에서 랜드마크가 된다는 것은 감수할 일이 많이 생긴다는 뜻이기도 해요. 그러니 그곳이 오래도록 유지되기 위해서는 풍경을 구성하고 있는 개개의 역사성도 고려해야 하고 공동체 구성원들 사이에서 마음을 조율할 필요도 있어 보여요. 누군가에게 좋은 일이 누군가에게 피해가 된다면 그 일은 정말 좋은 일일까요? 모두가 좋을 수 있는 적절한 지점을 찾으려 노력했더라면 능소화는 계속해서 수많은 주홍빛 등을 밝힐 수 있었을 텐데 말입니다.

전혀 다른 사례도 있어요. 여수 하화도에는 마을 부녀회에서 운영하는 식당이 있습니다. 마을 회관이던 곳을 관광객이 오면서 식당으로 개조한 거죠. 관광객이 몰려오면서 공동체가 파괴된 사례를 사전에 차단하려는 결정이었어요. 대신 하화도 주민 모두는 삼시 세끼를 이 마을 식당에서 해결합니다. 당연히 무료고요. 얼마나 지혜로운 선택인가요? 서로가 서로를 돌보는 이런 사례가 널리 퍼져 나가길 바랍니다.

4장

데이터가 물과 전기를 집어삼킨다고?

기계가 스스로 생각한다는 게 가능하겠느냐며 반신반의하던 때가 엊그제 같은데 이젠 갸우뚱하는 사람보다는 가능할 거라 믿는 사람이 더 많아진 것 같아요. ChatGPT가 원하는 그림을 그려 주고, 골치 아픈 서류 작성을 대신해 주며 질문 한 줄에 바로 필요한 자료를 제공해 주는 시대가 이미 왔으니까요.

인공지능에 관한 관심이 뜨거운 요즘입니다. 인공지능이 가져올 핑크빛 미래에 거는 기대도 많은 것 같아요. 운전을 대신해 주는 자율주행부터 더 이상 노동자 없이 로봇이 모든 걸 판단하고 작업을 수행하며, 외로운 노인들에게 말벗이 되어 주는 휴머노이드가 등장하는 정도를 넘어 인간의 능력을 완전히 뛰어넘는 범용 인공지능AGI이 등장할 거라는 예측이 더 이상 픽션이 아니라는 이야기가 전문가들 사이에서 나오고 있어요. AGI는 인간처럼 사유하고 판단하는, 그래서 인간의 한계를 훌쩍 뛰어넘는 인공지능입니다. 이 AGI는 그동안 인간 능력 바깥에 있던 난제를 다 해결할 거라고 해요. 핵융합 기술을 찾아낼 것이고 그래서 인류는 무한 에너지를 얻을 것이며 동시에 노동력은 무의미해질 것이라고요. 이제 완전히 새로운 단계로 인류가 진화할 거라는 주장에 힘이 실리는 추세입니다.

그렇지만 낙관적인 전망만 있는 건 아닙니다. 2025년 10월에 세계 최대 전자상거래업체이며 120만 명의 직원을 고용하고 있는 아마존은 2030년까지 인력이 거의 필요 없는 창고를 만들기 위해 사업 운영의 75퍼센트를 자동화로 할 것이며 최대 60만 개 일자리를 로봇으로 대체할 계획을 추진 중에 있다고 〈뉴욕타임스〉가 보도했어요. 결국 인공지능이 펼쳐 보일 세상은 인간이 노동으로부터 더 소외되고 빈부 격차는 더욱 커질 것이며, 그래서 진일보한 기술을 모두가 누릴 수 없다는 의견도 있고요. 알고리즘으로 더욱 편협한 정보가 세상을 양분하는 걸 넘어서 딥페이크 등의 윤리적인 문제가 큰 파장을 낳을 수도 있습니다. 가장 비관적인 전망은 환경 문제이며 해법은 요원한 것 같아요. AI의 능력은 수많은 데이터를 빛의 속도로 빠르게 학습하고 처리하는 것입니다. 빠르게 정보를 처리하고 추론하기 위해서는 고성능 컴퓨터와 어마어마한 용량의 데이터 센터 그리고 이런 인프라를 작동시키기 위해 막대한 전기에너지가 떠받쳐 줘야 합니다. 이런 인프라 작동을 원활하게 하기 위해서는 핵심 부품인 반도체 생산이 원활하게 이뤄져야 하며 그러기 위해서 반도체 공장에 필요한 전력과 물 공급이 안정적이어야 합니다. 더 성능 좋은 컴퓨터를 제작하기 위해서는 자원 채굴 속도 역시 가속화될 것입니다. 여기까지 적고 보니 생태계 파괴가 어느 정도 속도로 가속화될지 두려울 따름입니다.

이제 여름은 공포스러운 폭염과 예측 불가능한 폭우 등으로 힘든 계절이 되어 갑니다. 가을이어도 더위는 쉽게 꺾일 기미가 보이지 않고 가을비가 지루하게 내려 농사에 피해를 주고 있어요. 균형 잡힌 사계절은 기억 속에 박제돼 버리고 긴 여름과 겨울, 두 극단의 계절만 남는 게 아닌가 싶은 위기감마저 듭니다. 이런 위기감이 들다가도 인공지능에 환호하는 또 한편의 세계를 보면 우리는 같은 행성에 있지만 서로 다른 행성에 사는 것만 같아요. 기후 위기의 주범인 온실가스 배출원을 찾아가다 보면 결국 전기에너지와 만납니다. 그래서 등장한 게 재생에너지이지만 지구 전체로 볼 때 전력은 여전히 화석 연료가 압도적입니다. 재생에너지가 하루가 다르게 효율이 높아지고 있긴 하지만 모든 나라의 에너지 전환 속도가 고르게 빠른 건 아니니까요. 재생에너지는 간헐성을 극복해야 하는 문제도 여전히 남아 있고요. 더구나 우리나라의 경우 재생에너지 확산은 더디기만 합니다. 그럼에도 불구하고 반도체 분야에서 선두에 있는 우리나라는 미래 산업의 동력으로 인공지능에 많은 비중을 두려 합니다. 막대한 전력을 어떻게 감당할지에 대한 청사진이 함께 나와야 하지만 아직 그 부분은 불투명한 상태이고요.

날로 거대해지는 데이터 센터가 들어서면서 데이터 센터의 전력 소비가 도마 위에 올랐고 탄소 배출을 많이 하는 더러운 산업이라는 딱지가 붙기에 이르렀어요. 이런 가운데 업계 최초로 2025년에 구글이 생성형 인공지능 제미나이Gemini가 질문을 처리하는 데 소비되는 에너지 사용량, 탄소 배출량, 물 소비량을 포함한 환경 비용을 공개했습니다. 다만 건당 소비되는 수치만 공개했을 뿐 데이터 센터가 소비하는 총량은 공개하지 않았어요. 구글은 이전에 공개했던 추정치들보다 데이터를 처리하는 데 들어가는 전기에너지가 상당히 낮아졌다고 해요. 그러나 국제에너지기구의 〈에너지와 AI〉 보고서에 따르면 2024년 전 세계 데이터 센터 전력 소비는 약 415테라와트시이며 생성형 인공지능을 급격히 확산시킨다는 시나리오대로 시장이 성장할 경우 2035년에는 데이터 센터의 전력 소비량이 최대 1,700테라와트시까지 증가할 수 있다는 전망을 내놓았어요. 전 세계 전력 수요 가운데 데이터 센터가 차지하는 비중이 현재 1.5퍼센트인데 최대 4.4퍼센트까지 늘어날 거라고요.

최근 AGI가 적어도 10년에서 20년 사이에 상용화될 거라는 주장이 힘을 얻고 있어요. 인간 사이의 사회적 소통은 완벽하지 못해 수많은 생각, 경험, 지식이 그저 각자 머릿속에만 있었다면 AGI는 인간의 모든 언어 체계를 완벽히 이해하고 실시간 자기 학습을 통해 끝없이 진화하면서 모든 소통을 완벽하게 수행하면서도 전력 소비는 인간의 두뇌 사용 정도밖에 필요하지 않은 그야말로 꿈의 인공지능입니다. AGI의 약진으로 이제 핵융합 같은 무한 에너지가 등장할 것이고 질병 대부분은 치료가 가능해져서 어쩌면 영원히 살 수도 있을 거라고 합니다. 그렇다면 인간의 능력을 완벽하게 앞지른 AGI는 신일까요? 인간의 폭발적인 상상력이 이만큼 문명을 이룩했는데 우리는 도대체 뭘 원하길래 생각마저 기계가 해 주길 바라는 걸까요? 우리는 어떤 새로운 문명을 창조하고 싶은 걸까요? AGI가 창조한 문명은 인류 문명일까요? AGI가 이끄는 세계에 인간의 통제는 가능할까요? 무엇보다 AGI는 인류가 간절히 염원하고 필요로 하는 기술이 맞긴 한 걸까요?

2025년 12월에 그린피스Greenpeace, 지구의 벗Friends of the Earth, Food & Water Watch, Physicians for Social Responsibility 등 미국 환경 단체 230여 곳이 연방 의회에 '신규 데이터 센터 승인·건설 전면 중단'을 요구하는 공개서한을 보냈어요. 무조건 짓지 말라는 반대가 아니라 이 산업이 가하고 있는 엄청난 피해로부터 지역 사회, 가족, 환경 그리고 건강을 보호하기 위한 적절한 규제가 제정될 때까지 신규 데이터 센터에 대한 전국적인 모라토리엄을 요구했던 건데요. 공개서한에서 이들이 밝힌 내용을 살펴보면, 2025년 기준, 향후 5년 동안 데이터 센터가 3배로 늘어나면 데이터 센터는 약 3천만 가구가 사용하는 전력량과 맞먹는 전력을 소비하게 될 것이며 1,850만 가구가 사용하는 전력량과 맞먹는 물이 필요하게 되는데, 이것은 단지 컴퓨터 서버 냉각에만 사용됩니다. 2025년 당시 전력 구조로 볼 때 데이터 센터 전력 공급에 사용되는 전력의 56퍼센트는 화석 연료에서 공급이 될 것으로 예상했고요. 2021년부터 2024년까지 미국의 전기 요금은 21.3퍼센트 인상되어 물가 상승률을 크게 앞질렀는데 이러한 인상은 주로 데이터 센터의 급속한 확장에 기인한 것이고 향후에 이런 인상을 더 가속화시킬 것으로 예측하고 있어요. 한 AI 기업 임원에 따르면 향후 5년 안에 모든 초급 화이트칼라 일자리의 절반을 AI가 대체하고 전체 실업률을 최대 20퍼센트까지 높일 수 있을 것으로 보고 있습니다. AI와 암호화폐 열풍을 부추기는 데이터 센터가 거의 규제되지 않은 채 급격히 증가하는 것은 지역 사회를 교란하고, 미국인의 경제, 환경, 기후 및 수자원 안보를 위협하고 있다고 보기에 이와 같은 모라토리엄 선언을 요구했던 거지요. 우리나라라고 이런 예상이 다를까요?

세계는 자유 무역의 시대가 끝나고 각자도생의 시대로 접어드는 듯합니다. 2008년 이후 세계 경제는 링거를 꽂은 채 기하급수적으로 증가한 부채 위에 연명하고 있어요. 더 이상의 경제 성장을 계속 추동할 여력이 없어지는 틈바구니에서 등장한 인공지능 기술이 또다시 인류의 미래를 분홍빛으로 바꿔 주길 기대하는 걸까요? 과연 인공지능이 열어 보일 전혀 다른 세상에서 우리는 행복할까요? 기후 문제가 돌이킬 수 없는 비가역 상태인 티핑 포인트에 근접했거나 이미 넘어섰을지도 모른다는 묵시록적인 전망이 과학자들 사이에서 나온 지 꽤 됩니다. 그 와중에도 여전히 성장의 도그마를 찾기에 급급한 우리 인류는 이제 기술과 지혜 사이에서

아슬아슬한 줄타기가 필요해 보입니다. 우리에게 지금 절실한 것은 인간을 능가하는 기계의 뛰어난 능력이 아니라 절체절명의 문명사적 위기를 어떻게 지혜롭게 헤쳐 나갈 것인가가 아닌지요.

'질문'은 답을 찾든 그렇지 않든 그 자체로 훌륭한 사유의 출발입니다. 당연하게 생각하던 관성에서 벗어나 새로운 상상을 할 수 있으니까요.

도시에는 사람이 많을까요, 차가 많을까요? 이따금 강연 중에 이 질문을 던지면 거의 예외 없이 차가 많다고 답합니다. 정말 차가 많냐고 다시 질문을 하면 그제야 갸우뚱하지요. 대부분 사람이 떠올리는 도시 풍경은 높은 빌딩에 차도를 가득 채운 자동차입니다. 넓은 공간을 도로가 점령하고 도로 양옆으로 좁게 인도가 있지요. 그러니 직관적으로 사람보다 차가 많다고 떠올릴 수밖에 없지 않을까요? 도시의 주인은 당연히 사람입니다. 그런데 왜 사람이 다니는 길은 자동차 길에 비해 턱없이 좁을까요? 자동차는 세상에 탄생하는 순간부터 지나다닐 길이 필요하고 세워 둘 공간을 필요로 합니다. 엔진을 움직일 기름이 필요하고, 소음과 매연을 뿜어내지요. 도로를 건설하고 보수하는 비용 대부분이 세금으로 충당됩니다. 국가 기간산업이니 당연히 세금을 지출해야 한다고 생각할 수도 있으나 만약 세금으로 도로를 놓지 않았더라면 어땠을까요? 뻥 뚫린 도로를 신나게 달려야 자동차의 가치를 느낄 수 있으니 자동차 판매의 전제 조건은 도로입니다. 자동차의 사회적 비용에 대해 우리가 언제 합의한 적이 있었던가요?

지방에 며칠 머물러야 할 일이 생겼습니다. 마침 관광지로도 알려진 곳이라 일과 후 주변을 둘러보고 싶은데 여의치 않았어요. 이동 거리가 짧지 않은 데다 무더운 여름에는 가까운 거리도 걷기가 힘드니까요. 어딘가로 이동하기 위해서는 택시를 타든가 차를 빌려야만 합니다. 대중교통을 이용하면 승용차로 여행하는 것에 비해 들어가는 비용과 시간이 많이 필요해요. 그러니 집에 차를 두고 대중교통을 이용한 여행은 정말 어려운 결단일 수밖에 없어요. 그렇다면 방법이 없을까요? 네덜란드는 인구보다 자전거 수가 많은 나라●입니다.

● 인구가 대략 1,770만 명, 자전거 수는 2,280만 대(2022년 기준)

1930년대에 자전거 보급률이 50퍼센트에 이를 정도로 자전거 인기가 상당했어요. 그러다 전후 복구를 하면서 값싼 미국산 자동차가 물밀듯 쏟아져 들어왔지요. 자동차가 증가하면서 편리함을 얻는 대신 여러 문제가 불거졌는데 그 가운데 교통사고가 있었습니다. 특히 어린이 교통사고가 상당했어요. 1971년 한 기자의 딸이 교통사고로 사망하면서 사람들은 더 이상 아이들을 죽이지 말라며 도로를 점거하는 등 안전한 세상을 요구했어요. 때마침 오일 쇼크까지 겹치면서 자전거 열풍이 불기 시작했고요. 네덜란드는 직장인의 절반, 학생의 75퍼센트가 자전거를 이용하는 등 자전거를 교통수단으로 이용하는 비율이 대중교통의 3배 이상 높습니다.

기후 위기 시대에 자전거의 장점에 눈을 뜬 도시들이 늘어나고 있는데 최근 파리시의 변신은 눈부십니다. 2020년 재선에 성공한 안 이달고 파리 시장의 선거 공약 이행으로 파리시는 자동차 도로를 줄이고 자전거 도로로 파리 시내 전역을 연결하고 있어요. 자전거는 장점이 많은 이동 수단입니다. 반경 5킬로미터 이내를 가장 빠르게 갈 수 있는 게 자전거입니다. 자동차가 다니는 길에는 사람이 다닐 수 없으나 사람이 다닐 수 있는 길이면 자전거는 다닐 수 있으니까요. 자동차 운행과 상관없이 도로와 주차장은 그 공간을

24시간 점유하고 있어요. 6제곱미터 면적에 자전거는 적어도 10대 세울 수 있지만 자동차 1대를 주차하려면 그보다 20배 가까이 넓은 11.5제곱미터 공간이 '반드시' 필요합니다. 자동차는 화석 연료를 소비하며 온실가스를 비롯한 오염 물질을 배출해요. 운전하는 동안 앉아만 있으니 운동량이 턱없이 부족해지고 결국 건강에도 악영향을 끼칩니다. 2015년 파리 기후총회 참관차 파리에 갔을 때 전철역마다 즐비하던 공공자전거 밸리브Vélib'가 무척 부러웠어요. 그리고 얼마 뒤 서울에도 공공자전거 '따릉이'가 등장했습니다. 2022년 4월 기준 회원 수가 350만 명으로 서울 시민 3명 중 1명이 따릉이를 이용하고 있는 셈입니다. 서울뿐만 아니라 대전, 창원, 세종, 광주, 광명 등 여러 도시에 공공자전거가 생겼어요. 그렇다면 우리도 암스테르담이나 파리처럼 자전거 도시를 갖게 되는 걸까요?

공공자전거는 생겼지만 그걸 타고 안전하게 다닐 자전거 도로가 턱없이 부족합니다. 도로로 나가면 자동차들이 경적을 울리며 위협해요. 실상 자전거와 도로를 함께 이용해야 하는 운전자 입장에선 불안할 수밖에 없어요. 그렇다고 자전거가 인도를 누비면 보행자의 안전을 위협할 수 있지요. 이쯤에서 어떤 결단이 필요해 보입니다. 네덜란드는 자전거

고속도로까지 갖추고 있어요. 여행도 자전거로 할 만큼 자전거 이용을 뒷받침하는 인프라가 잘 갖춰져 있다는 얘기입니다. 얼마 전 기차역에서 자전거 앞뒤로 짐을 잔뜩 싣고 헬멧을 쓴 채 역으로 들어오는 사람들을 만났어요. 기차에 자전거를 싣고 여행지에서 내려서는 자전거로 이동하며 여행을 할 거라고 하더군요. 자가용을 몰지 않고 탄소 배출을 하지 않고도 여행이 가능한 나라를 상상해 봅니다. 자동차 도로를 줄인 자리에 자전거 도로가 쭉쭉 뻗어 있는 도시를 상상해 봅니다. 자동차 소음 대신 새소리 가득한 도시를 함께 상상해 보시렵니까?

암스테르담과 파리의 자전거 풍경은 우리에게도 있었어요. 아버지도 남동생들도 모두 자전거로 출퇴근과 통학을 하던 시절이 있었으니까요. 이토록 유용한 자전거를 '발전'이라는 미명 아래 자동차로 바꿔 버렸어요. 어마어마한 사회적 비용을 치르면서 우리는 '진정' 발전한 걸까요? 자전거 가치에 눈을 뜨고 자전거 도로를 늘리라는 요구야말로 우리의 진정한 발전이 아닐지요?

집에서 쓰는 설탕을 마스코바도로 바꾼 지 꽤 됩니다. 마스코바도는 정제하지 않은 설탕으로, 필리핀 네그로스섬에서 사탕수수 농민을 후원하는 프로젝트를 시작하면서 우리나라에 알려졌어요. 프로젝트를 간단하게 설명하면, 500그램짜리 마스코바도 한 봉지를 사면 네그로스섬 농민을 위한 후원금 100원이 적립됩니다. 이 돈이 모이면 네그로스섬 농민에게 낮은 이자로 소액 대출을 해 주고, 농민은 이걸 종잣돈 삼아 사탕수수를 나르는 중고 트럭도 사고 동네에 우물도 만들 수 있게 됩니다. 여유가 좀 생기면 농사에 도움이 되고 새끼를 낳으면 농가 자산이 되는 가축도 사서 기를 수 있습니다. 지금까지 대출금을 갚지 않은 농민은 단 한 사람도 없다고 합니다. 마스코바도는 일반 설탕에 비해 단맛은 좀 덜한 대신에 정제하지 않았기 때문에 사탕수수에 함유된 다양한 미네랄, 칼슘, 인, 단백질이 풍부합니다. 가격은 일반 설탕의 4배 정도로 비싸지만 설탕을 많이 먹는 것도 아니고 더구나 내가 산 설탕 한 봉지가 누군가에게 힘이 된다는 걸 생각하면 사지 않을 이유가 없습니다.

과거에 네그로스섬은 워낙 토질이 비옥해서 그곳 농민들은 농사만으로도 먹고살기에 충분했습니다. 그런데 1920년대 외국 자본가와 필리핀 지주 들이 네그로스섬 땅을 죄다 사들였고 숲까지 벌목하며 사탕수수 농장을 만들었습니다. 자기 땅에서 농사를 짓던 사람들은 한순간에 사탕수수 농장 노동자로 전락했습니다. 그러다가 설탕값이 폭락하면서 실업자가 됐고 굶어 죽는 일마저 비일비재해졌습니다. 시대가 바뀌자 농민들도 새로운 탈출구를 찾기 시작합니다. 땅을 갖고 있던 주민들은 다른 나라 소비자들에게 유기농 설탕을 팔기로 했고, 이렇게 공정 무역이 시작되었지요.

공정 무역이라는 말이 생긴 것만으로도 그동안 무역이 공정하지 않았다는 걸 알 수 있습니다. 물건이 넘쳐 나는 세상에 살다 보면 우리가 먹고 입고 소비하는 걸 누가 생산하는지에 관심을 갖기 어렵습니다. 생산자 얼굴은 모른 채 기업 로고만 대면하기 때문입니다. 소비자는 이왕이면 싼 상품을 선호할 수밖에 없어 기업 논리대로 따라가니 생산자의 수고로움과 생산지의 생태나 환경 문제가 가격 형성에 영향을 미치기도 어렵습니다. 상품을 만들고자 힘든 노동을 견딘 생산자가 노력에 비해 턱없이 부족한 대가를 받으면 일할 의욕도 생기지 않을 뿐만 아니라 당장 생계가 어려워집니다. 물질적, 정신적으로 피폐한 상황에서 생산자에게 질 좋은 생산물을 요구하는 건 정의롭지 못한 일 아닐까요? 생산자와 소비자 모두에게 혜택이 돌아가야 말 그대로 상생이고 공정한 세상일 겁니다.

가격으로만 놓고 물건을 비교하면 4배나 비싼 설탕을 살 이유가 사라집니다. 그러나 이 4배에 저 먼 나라의 생태 환경을 보전하는 비용과 그곳에서 농사를 짓고 살아가는 사람들의 자립을 돕는 데에 일조하는 비용이 포함된 거라 생각하면 안 살 이유가 없습니다. 저희 식구는 좋은 설탕을 먹을 수 있고 그곳 농부들은 다시 농사지을 힘을 얻을 수 있으니 서로 좋은 거지요. 나의 소비가 누군가에게 힘이 되고 땅을 살리는 데에 이바지한다면 이런 소비는 적극 장려할 만합니다.

<메소포타미아, 저 기록의 땅>이라는 제목의 전시가 열려 가까이에서 메소포타미아 문명을 접할 기회가 있었어요. 메소포타미아는 티그리스강과 유프라테스강을 중심으로 인류 최초의 문명이 발흥한 지역이지만 오랜 세월 정치적인 부침이 컸던 곳이기도 합니다. 그뿐만 아니라 세계의 화약고인 중동이 가장 먼저 떠오르는 지역이기도 하지요. 최근 들어 이 지역에 관심이 생겨 관련 책을 찾아 읽던 중이었는데 전시명에 있는 '기록의 땅'이라는 말이 특히 인상 깊었어요. 유물과 만나는 경험은 시간을 거슬러 올라가 당시 사람들의 생활사를 엿볼 수 있게 하지요. 또 당대 사람들이 어떤 생각과 어떤 가치관으로, 어떤 문화를 향유하고 살았는지 느끼는 기회가 됩니다. 유물이라는 매개물을 통해

그것을 만들던 당시 사람들과 그들이 일군 문화, 그들이 이룬 성취를 주제로 대화를 나누는 장이 열린다고나 할까요. 그런데 이건 어디까지나 남겨진 유산을 통해서입니다. 어떤 유물이나 기록도 남기지 못한 이들에 대해선 어떤 추론을 해야 할까요? 유물을 볼 때마다 이 부분을 늘 견지하며 관람하게 됩니다. 그래서 유물과 유물 사이의 미싱 링크를 유추해 보는 즐거움도 꽤 크지요.

메소포타미아인들은 강가의 점토에 갈대를 마치 종이와 펜처럼 사용해서 기록을 남겼어요. 점토판과 인장에 기록된 내용은 흥미로웠습니다. 돈을 빌려주고 입양한 양자에게 유산을 물려줘도 되는지에 관한 기록이나 맥아와 보릿가루를 받았다는 내용, 5단 곱셈표, 질병에 대한 처방전 등이 작은 점토판에 그림과 숫자 기호로 빼곡히 적혀 있더군요. 또 촌지를 준 이야기며 축제 때 부르던 노래 가사, 누군가에게 얼마의 돈을 빌리고 갚은 채무 변제 증서까지 개개인의 일상이 고스란히 기록돼 있었어요. 5,000년 가까운 시간을 건너뛰어도 사람 사는 모습은 크게 다르지 않구나 싶어 흥미로웠습니다.

문자가 없던 시대에서 문자를 발명하고 기록하는 시대로 넘어간다는 것은 굉장한 혁신입니다. 무언가를 기록하려 시도했다는 사실을 태어날 때부터 문자가 있던 우리가 상상하기란 쉽지 않아요. 과거 인류는 추상적인 것을 상징화하는 능력을 창조했어요. 그림과 숫자 기호 하나하나는 사물을 자세히 관찰해야 만들어 낼 수 있는 것들이지요. 과거 인류는 관찰로 끝내지 않고 관찰한 것을 기록으로 남겼습니다. 물건의 이동을 기록하고 잉여 생산물을 계산하면서 수학뿐만 아니라 문자도 발명했어요. 사람과의 관계가 복잡해질수록 기억의 한계를 보완하기 위해 선택한 것이 기록이었을 거예요. 기록은 유통이 가능해요. 또 축적되면서 정보로서의 가치가 향상되고 폭발적인 문명의 진보를 가져왔을 겁니다. 함무라비 법전, 60진법이 모두 이 메소포타미아 문명에서 탄생했으며 그들이 정초한 바탕 위에 새로운 문명이 덧대어지며 오늘에 이르고 있어요. 메소포타미아인들이 기록을 통해 궁극에 얻고자 했던 건 무엇이었을까요? 끊임없이 지식을 축적하고 질서를 세우는 과정에 결국 세계를 이해하고자 함은 아니었을까요?

세계를 이해하려는 시도는 훨씬 이전부터 있었던 것 같아요. 인류 최초 문명으로 알려진 메소포타미아 문명 이전에도 이미 문명이 존재했습니다. 유프라테스와 티그리스 두 강을 거슬러 올라간 상류 지역의 아나톨리아(지금의 튀르키예 영토에 속하는 반도)에서 일어났던 문명을 인류 최초 문명으로 봐야 한다는 학설이 힘을 얻고 있어요. 지구는 기온이 상승하면서 빙하기에서 간빙기로 환경이 바뀌기 시작했는데, 기온 상승은 대략 1만 2,000년 전부터 둔화하기 시작했어요. 지구 기후가 이렇게 안정화되면서 홀로세로 진입합니다. 이 무렵 아나톨리아 지역에 세워진 걸로 추정되는 괴베클리 테페의 신전 도시가 2014년 8월 발굴되었어요. 그동안 세워졌던 인류 문명에 관한 패러다임이 깨지던 순간이라고 고고학자들은 표현합니다. 향후 60년 동안 발굴 작업이 진행되어야 전모가 밝혀질 걸로 예상하는데 유네스코는 2018년에 이 유적을 세계문화유산에 등재했어요. 괴베클리 테페 신전 도시에는 돌기둥만도 200개가 넘게 세워져 있어요. 규모로 볼때 돌을 옮기고 가공하는 데 1,000명 정도의 인력이 투입되었을 걸로 추정합니다. 이 시기는 아직 농업 혁명 이전입니다. 당시 사람들은 왜 이토록 많은 신전을 지었고 어떤 용도로 쓰였을까요? 이 문명은 왜 사라진 걸까요?

오늘날 인류 문명이 진일보하면서 안정됐던 기후 시스템이 다시 불안정해지고 있어요. 빙하가 빠르게 녹으면서 해수면이 상승하고 남태평양 섬나라들이 물속으로 잠기는 중입니다. 이 문제를 해결할 방법 중 하나로 화석 연료를 줄이자며 내연 기관 자동차 생산을 중단하고 전기 자동차로 전환하기로 했지요. 그런데 여기에는 불편한 진실이 숨어 있어요.

전기 자동차의 핵심 부품 가운데 하나인 배터리 재료로 코발트를 채굴하느라 아직 앳된 얼굴의 아이들이 강제 노동에 내몰리고 있거든요. 글로벌 초콜릿 기업들은 불법으로 이뤄지는 코코넛 농장의 아동 노동에 눈감고 있어요. 작업에 필요한 보호 장비를 갖춘 성인 노동자를 고용하는 것보다 아동을 고용했을 때 초콜릿 기업들과의 경쟁에서 더 낮은 가격을 제시할 수 있기 때문입니다. 축적된 지식과 질서를 바탕으로 일궈 온 문명의 방향이 누군가를 착취하고 불평등을 심화하는 구조를 지향한다면 인류 문명은 지속 가능할까요?

수많은 문명이 명멸했고 우리는 오래전 문명을 더듬으며 그 안에서 우리의 미래를 발굴하려는 건지도 모를 일입니다. 그런 점에서 마스코바도는 하나의 희망일 수 있어요. 사탕수수 농장에서 땅도 노동자의 몸도 망가지지 않는 생태적인 농사를 마음 놓고 지을 수 있고 그 노동의 가치를 알아주는 소비자가 세계 어딘가에 있다면, 그래서 소비자와 노동자가 서로 신뢰를 쌓을 수 있는 설탕을 생산한다면 그건 공정합니다. 더 많은 이윤 추구가 아니라 함께 사는 길을 모색할 수 있다면 우리는 우리를 둘러싸고 있는 이 세계를 더 이해할 수 있을 테니까요. 기억하세요. 5월 둘째 주 토요일은 세계 공정 무역의 날입니다.

오늘도 아파트 주차장에서 택배 차량을 만납니다. 짐칸에 잔뜩 쌓인 물건 가운데 배달할 물건을 고르는 이의 손이 바쁩니다. 코로나19로 대중의 소비 패턴이 오프라인 매장에서 온라인 매장으로 훌쩍 옮겨 갔어요. 한 지인은 물건 파는 가게에 가 본 게 언젠가 싶을 만큼 모든 물건을 다 배달시킨다고 했어요. 심지어 요즘은 학기 초에 아이들 준비물조차 택배로 받는다고 합니다.

이런 이야기를 들으니 〈구글 베이비Google Baby〉라는 다큐멘터리가 생각났습니다. 2002년부터 상업적 대리모 산업이 합법화된 인도가 배경인 영상으로, 예를 들어 파란 눈에 금발인 아기를 원하면 메뉴판처럼 메뉴를 고르듯 파일에서 파란 눈에 금발인 여성 정확히는 그 여성의 난자를 선택하고, 그러면 대리모가 그런 아기를 대신 낳아 준다는 내용입니다. 인도는 세계의 아기 공장이라는 오명을 달고 있습니다. 아기 공장! 그러니까 지금 세상은 아기도 생산하고 배달되는 시절이라는 말이지요. 그러니 물건쯤이야, 어떤 물건이든 배달이 가능한 건 어쩌면 당연한 소리인지도 모르겠네요.

집에 텔레비전을 없앤 지가 20년이 훌쩍 넘었어요. 텔레비전을 없앤 이유는 쏟아지는 광고에서 자유롭고 싶어서였습니다. 무차별적인 광고에 나와 내 가족이 노출되는 꼴을 더는 두고 볼 수가 없었습니다. 그렇다면 자유로워졌을까요? 글쎄요. 빌딩이나 움직이는 자동차는 말할 것도 없고 스마트폰이든 컴퓨터든 뉴스만 열어도 기사를 가리는 광고의 홍수 속에 질식할 지경입니다. 인류 역사상 공급이 수요를 초과한 시대는 지금 우리가 사는 이 시대가 최초이자 아마도 마지막일 겁니다. 남은 자원을 생각해 봐도, 지구의 여력을 생각해 봐도 더는 이런 시대가 지속될 수는 없을 테니까요. 그런데도 물건은 점점 늘어나고 이는 곧 과잉 소비로 이어집니다. 대량 생산은 언제나 대량 소비를 전제로 하니까요. 소비를 부추기는 데에 가장 큰 역할은 광고가 맡습니다. 광고를 자본주의의 꽃이라고 부르는 건 그래서입니다.

어떤 면도용 크림 광고는 면도용 크림을 완벽한 아내와 연결 짓습니다. 바로 그 면도용 크림을 '소비'한다면 남자는 매력적으로 바뀔 뿐만 아니라 어쩌면 완벽한 아내를 만날지도 모른다는 광고 카피를 내세우면서요. 미혼 남성을 이 제품의 소비자로 정확히 규정하고 달콤한 스토리텔링으로 한껏 희망을 갖도록 부추깁니다. 광고에 세뇌된 미혼 남성은 N극, 수많은 물건을 헤치고 S극인 그 면도용 크림에게로 끌려갈 것만 같습니다. 이 광고를 봤을 때, 결국 물건을 사지 않고는 못 배기도록 하는 참 잘 만든 광고라고 생각했습니다. 그리고 이어서 드는 생각은 '과연 우리가 이런 광고 전략에 말리지 않고 무사히 빠져나갈 수 있을까'였습니다. 매 순간 스스로에게 주문을 외지 않고는 쉽지 않은 일입니다. 자동차를 구매할 때 연비를 가장 중요하게 생각하고 경제적으로 부담이 덜 가는 모델을 선택했다가도 '품위 있는 드라이빙'이라는 카피와 함께 중형 세단이 등장하면 앞서 내린 합리적인 판단은 순식간에 물거품이 되기도 하지요.

온라인으로 물건을 구매하면 더욱 광고에 의존할 수밖에 없습니다. 그 물건을 써 봤다는 사람들의 후기 역시 광고의 다른 이름일 따름입니다. 물건 정보가 공평하고, 왜곡되지 않게 소비자에게 가닿는 건지 사실 알 수 없는 노릇입니다.

다큐멘터리 〈거대한 해킹 The Great Hack〉은 미국 대선에서 트럼프가 대통령으로 당선된 것, 영국이 브렉시트를 결정한 것 등이 모두 정보 가공과 무관하지 않다는 걸 보여 줍니다. 소비자의 소비 패턴을 분석하면 취향을 알게 되고 약한 고리를 찾을 수 있습니다. 그 점을 활용해서 기업이 지속적으로 광고를 보내고 정보를 쏟아 내면 우리는 과연 소비의 소용돌이에서 빠져나올 재간이 있을까요?

필요해서 물건을 찾는 세상이 아니라 이런 게 있다고, 이것만 있다면 당신은 행복해질 수 있다고 끊임없이 속삭이는 세상 그리고 욕망을 정확히 해결해 줄 것만 같은 광고를 통해 물건을 만나게 되는 세상, 두 팔 벌려 환영할 수 없는 불편한 이유는 많고도 많습니다. 가려진 진실을 마주할 용기는 그렇다면 어디서 나올 수 있을까요? 물건을 소비하기 이전에 꼭 필요한지 여부를 적어도 세 번은 생각해 봐야 하지 않을까 싶습니다. 정말 필요한 건지 내가 소비한 이후에 이 물건은 어떤 경로를 거쳐 어떻게 될 건지 그리고 마지막으로 '굳이' 사야 할 이유가 정말 있는지 따지는 습관은 우리 삶을 지속 가능한 영역으로 한층 가깝게 데려갈 것입니다. 선형 패러다임을 원형으로 바꾸려는 의지가 있다면 그게 곧 용기가 아닐까요?

3부

세계

나라와 지구의 소비

5장

'친환경'이라는 말, 어디까지 믿어도 될까?

옷장을 열어 보세요. 청바지를 몇 별 가지고 있나요? 여러분이 입고 있는 청바지는 친환경인가요? 청바지를 만드는 원료는 목화입니다. 자, 목화라고 하니까 '엇, 그럼 내 청바지는 친환경인가?' 하는 생각이 들지 않나요? 면은 목화로 만든 섬유고 목화는 식물이잖아요? 자연에서 자라는 식물로 만든 옷이라니 당연히 친환경 아니냐고요? 지금부터 청바지가 친환경인지 한번 살펴보도록 해요. 면의 원료인 목화를 재배하는 목화 농장은 전 세계에서 농약을 가장 많이 살포하는 농업 분야입니다. 면 티셔츠 한 장에 필요한 목화를 재배하려면 합성 화학 비료를 티스푼 기준으로 17개 사용해야 합니다. 목화가 병충해에 약하기도 하고, 농장에서 단일 작물을 대규모로 재배해야 하는 이유도 있어요. 화학 비료 사용만 문제가 되는 것은 아닙니다. 청바지 한 벌이 세상에 나오려면 무려 7,000리터의 물이 필요하다는 사실을 알고 있나요? 왜 이토록 많은 물이 필요할까요? 국제구호개발기구인 옥스팜OXFAM에 따르면, 목화를 재배하는 과정부터 옷감을 짜고 염색하는 과정에 필요한 모든 물을 합친 양이 7,000리터입니다. 목화는 물을 엄청 많이 필요로 하는 식물이에요. 아보카도가 물을 좋아하는 것처럼요. 이렇게 많은 물을 필요로 하는 목화 농장이 늘어날수록 전 지구적으로 물 부족은 심해질 겁니다. 목화 색깔이 티셔츠 색깔과 같지는 않잖아요. 그래서 목화로 옷감을 짜는 과정에 반드시 표백이 필요해요. 유행하는 색과 디자인에 따라 여러 염색 과정이 필요하고, 그때마다 사용되는 화학 염료와 물도 많이 필요하며, 그만큼 엄청난 양의 폐수가 배출됩니다. 현재 지구상에는 모든 사람이 티셔츠 20장씩 가질 수 있는 분량의 목화가 생산되고 있어요. 아프리카에서는 가뭄으로 물이 부족해서 물 분쟁이 일어나는데 우리의 옷을 위해 이토록 많은 목화가 재배되다니요!

과거 목화 농장에서 흑인 노예가 했던 일을 지금은 저개발 국가의 사람들이 하고 있어요. 전 세계에서 목화 재배 면적이 가장 넓은 나라는 중국, 인도, 미국, 브라질, 호주이며,

파키스탄과 서아프리카의 말리, 베냉, 부르키나파소 같은 저개발 국가에서도 목화가 재배됩니다. 인도에서 생산하는 목화 가격은 미국에서 생산하는 목화 가격의 절반밖에 안 됩니다. 이렇게 싼 이유는 인건비가 저렴하기 때문이지요. 2025년 1월 〈한국섬유신문〉 보도에 따르면 인도 목화 농장에서 불법 강제 노동과 아동 학대 정황이 포착되었다고 해요. 2022년부터 2023년까지 인도 마디아프라데시주에 있는 90개 목화 농장의 실태를 조사한 결과 아동과 청소년의 불법 노동이 널리 퍼져 있는 사실이 확인됐어요. 인도는 법으로 14세 미만 아동의 노동을 금지하고 있습니다. 그런데도 느슨한 법 집행 등의 문제로 가난에 내몰린 5~14세 사이 천만 명이 넘는 아동이 불법 노동에 시달리고 있다고 해요. 이 가운데 목화 농장에서 일하는 아동들도 있는 거고요. 불법으로 어린이에게 노동을 시키는 이유는 값싼 인건비 때문입니다. 이렇게 생산된 목화가 아디다스와 H&M, GAP 등의 유명 의류 기업에 납품되고 있어요. 우리 옷장에 많게는 수십 장 티셔츠가 걸릴 수 있는 이유이기도 하지요.

마스크나 어떤 보호 장비도 없이 가장 많은 농약을 살포하는 목화 농장에서 일하는 농민의 건강만큼이나 토양 생태계도 망가지고 있을 겁니다. 세계 목화 생산량 3~4위인 미국 목화 농장은 목화 수확 기계가 있어서 하루에 300명이 할 일을 기계 한 대가 다 해 줍니다. 많은 노동력이 필요 없어요. 기계를 구입하는 비용은 나라에서 보조금 형태로 지원합니다. 잘사는 나라니까요. 반면 인도와 서아프리카 등 저개발 국가에는 이런 보조금도 없고 기계도 없어요. 티셔츠 한 벌에 대략 면화 400그램 정도가 들어가는데, 이 가격이 2009년 40센트에 지나지 않았어요. 0.5달러도 안 되는 가격입니다. 티셔츠 가격은 예나 지금이나 거의 오르지 않고 있어요. 이 가격으로 팔리는 목화 농장에서 일하는 노동자들은 대체 얼마를 받을 수 있을까요? 거기다 기계 한 대가 300명분의 일을 하루에 해치우는 미국의 싼 목화에 떠밀려 인도 목화는 설 자리가 점점 사라지고 있어요. 살충제 등 해마다 목화 농사를 짓는 데 들어가는 돈은 빚으로 남아 있는데 말이에요. 그마저 농사를 지을 수 있는 걸 다행으로 생각해야 할까요? 가뭄으로 목화를 수확할 수 없는 상황에 처하기도 해요. 인도에서 목화 농사를 짓는 농부들의 자살이 끊이지 않는 까닭입니다. 이렇게 누군가의 피눈물로 생산된 목화로 만든 옷이 몇 번 입지도 않은 채 저 멀리 가나의 칸타만토 시장을 거쳐 강과 해안가에 쌓여 골칫덩이 쓰레기가 된다는 것은 얼마나 어리석은 일이고 지구를 낭비하는 일일까요?

　　다이달로스는 갇혀 있던 크레타섬에서 탈출하려 새의 깃털을 모아 실로 엮고 밀랍을 발라 날개를 만듭니다. 아들인 이카로스에게 날개를 달아 주며 비행 연습을 시켰지요. 너무 높게 날면 태양열에 밀랍이 녹고 너무 낮게 날면 바다의 물기가 묻어 날개가 무거워지니 하늘과 바다의 중간을 날도록 주의를 주었습니다. 탈출하는 날, 이카로스는 자유롭게 날 수 있게 되자 아버지의 경고를 무시한 채 높이 날아올라요. 그러다 결국 태양열에 밀랍이 녹아 날개를 잃고 바다에 떨어져 죽고 맙니다.

　　그리스 신화에 나오는 이카로스의 날개를 너무 일찍 접해서일까요? 하늘을 나는 것을 한 번도 선망한 적이 없습니다. 오히려 고소공포증을 극복하기까지 오랜 시간이 걸렸어요. 주로 저층에만 살다가 고층에 살게 되었을 때 한동안 베란다로 나가는 게 너무 무서웠습니다. 그러다 모이대를 마련하고 날마다 새 모이를 내놓으면서 공포심이 많이 줄었지요. 새는 모이대에 앉았다가도 툭 떨어지듯 날아갑니다. 그런 몸짓을 보면서 허공을 나는 자유로움을 진지하게 생각하게 되었어요. 새는 떨어질 염려가 없어서 좋겠다는 생각을 하면서요. 날 수 있도록 새는 몸을 변화시키며 진화했습니다. 몸무게를 줄이려 이빨을 포기했고 뼈를 비웠으며 때로 먼 길을 이동할 때면 몸속 장기마저 최소화합니다. 비우고 덜어 내야 비로소 얻을 수 있는 게 있다는 걸 새를 보며 배웁니다.

새에게는 깃털이 있습니다. 그것도 다양한 기능을 가진 갖가지 깃털로 몸이 덮여 있습니다. 추위를 막아 주는 포근한 솜털도, 물속에 들어가도 젖지 않는 방수 기능을 가진 겉깃털도 있어요. 날아오를 수 있는 항력과 추진력을 만드는 날개깃도 있고, 날 때 균형과 방향을 조절하는 꽁지깃도 있지요. 번식기 때 암컷에게 멋져 보이도록 하는 번식깃도 있고요. 몸의 어느 부위에 있는 깃털이냐에 따라 모양과 기능이 다릅니다.

깃털은 비단 방한복으로만 쓰인 건 아니었어요. 19세기 마지막 30년 동안 수억 마리 새가 인간의 손에 죽임을 당했어요. 오늘날 명품이 등장하기 전에 귀족이나 부자들의 신분을 표현하는 최고의 수단이 바로 죽은 새와 새의 깃털이었거든요. 더 이국적이고 비쌀수록 더 높은 신분을 상징하는 과시적 소비의 대표적인 아이템이 깃털이었던 거지요. 19세기 말에 이르면 수많은 여성의 모자에 새의 깃털 또는 사체가 통째로 올라오기도 했으니까요. 여성들이 이런 행태에 문제의식을 가지게 되면서 깃털 매매 반대 운동이 일어났어요.

《깃털》을 쓴 보존생물학자 소어 핸슨에 따르면 깃털의 수는 새마다 다르고 계절에 따라서도 다릅니다. 명금류의 몸에는 깃털이 대략 2,000~4,000개 정도 있는데(고니의 경우는 무려 25,000여 개), 이 가운데 거의 대부분이 솜깃털 깃가지를 지니거나 뒤축깃이라 불리는 솜털 같은 부속물을 지니고 있다고 합니다. 여름보다는 추운 겨울에 깃털 수가 증가합니다. 추운 겨울밤 집도 없이 밖에서 추워 어떡하나 싶지만 고작 5~6그램밖에 안 되는 상모솔새의 깃털 안쪽과 바깥의 온도 차는 25도 정도나 됩니다. 깃털이 핫 팩이나 마찬가지라고 하니 추울까 봐 염려했던 건 완전히 기우였지요. 겨울에 참새를 보면 깃털을 한껏 부풀리고 있어요. 부풀린 깃털 사이로 공기가 충전재 역할을 하며 체온을 따뜻하게 감싸 줘요. 그래서 새들은 겨울이면 털 찐 새가 됩니다. 더운 여름에는 겉깃털이 태양의 복사에너지를 차단하는 역할을 합니다. 새의 깃털은 에어컨과 핫 팩을 동시에 장착한 최고의 발명품이에요.

깃털은 새에게만 유용한 게 아니에요. 많은 동물이 깃털을 가져다 활용하고 있어요. 설치류들은 굴속에 깃털을 채워 두고 추운 겨울을 지내는데, 설치류가 굴을 떠나면 그 깃털을 호박벌이 가져다 재사용합니다. 우리도 새의 깃털을 활용하고 있어요. 거위나 오리의 솜털과 깃털로 채운 다운 패딩을 입으니까요. 다만 동물과 인간이 깃털을 수집하는 방법에는 큰 차이가 있습니다. 우리는 살아 있는 거위의 솜털을 뽑는 라이브 플러킹live plucking 방식으로 털을 모아 옷을 만들어 입습니다. 살아 있으면 깃털이 계속 나오니 오리나 거위의 털을 6주마다 반복적으로 몇 년씩 라이브 플러킹을 합니다. 롱 패딩 한 벌을 만들려면 거위 15~25마리의 털을 뽑아야 해요. 털을 뽑는 과정에서 살점이 떨어져 나오고 거위들이 비명을 지르는 장면을 찍은 영상은 커다란 충격이었어요. 깃털 대신 친환경 충전재를 넣어서 만든 윤리적인 패딩이 나오고 새들이 털갈이할 때 떨구는 털을 모아서 패딩을 만드는 등 동물의 권리를 지키자는 자각이 일고 있긴 하지만요.

저도 패딩이 있어요. 이런 사실을 몰랐을 때 샀던 패딩도 있고 선물로 받은 패딩도 있어요. 오래 입은 패딩은 차마 버릴 수가 없습니다. 그래서 다운을 재활용하면 좋겠다고 생각했는데 요즘 그런 제품들이 나오고 있더군요. 기존 의류나 침낭, 침구류 등에 충전재로 썼던 다운과 깃털을 뜨거운 물을 이용해 고온으로 살균과 세탁을 한 다음 재가공해서 패딩을 만듭니다. 이런 좋은 아이디어가 내 패딩과도 직접 연결되면 좋겠어요. 입던 패딩을 중고 의류와 섞어 의류 폐기물로 처리할 게 아니라 패딩만 따로 수거해서 재활용되는 인프라가 구축되면 어떨까요? 뜨거운 물에 살균하고 세탁해서 제품이 나오는 걸 보면 방법이 있다는 얘기 아닌가요? 동물의 고통과 맞바꾼 패딩을 오래 입어서 또 다른 동물이 고통에 빠지지 않을 방법을 패딩 만드는 기업이 연구해야 할 것 같습니다. 기업이 움직이도록 하려면 중고 패딩을 수거해 가서 재활용 패딩을 만드는 인프라를 구축하도록 소비자들이 요구해야 하지 않을까요?

화장실 없는 집에
요강만 들이는 무지

옛사람들은 화장실을 해우소라 부르기도 했습니다. 근심을 놓아 버리는 곳이란 뜻인 해우소는 생각할수록 절묘한 표현입니다. 더 이상 필요치 않은 걸 얼른 내보내지 않으면 근심거리가 됩니다.

옛사람들의 지혜가 시간이 흐르며 다 사멸해 버린 걸까요? 근사하게 지어진 집에 살려고 갔더니 화장실이 없습니다. 살면서 해결하지 싶어 일단 이사를 합니다. 당장 오물을 해결하고자 임시로 요강을 하나 장만합니다. 금세 요강이 찹니다. 어쩐 일인지 그 동네는 오물을 버릴 곳이 없습니다. 그래서 요강을 하나 더 삽니다. 요강 숫자가 점점 많아지니 요강을 들여놓을 공간도 점점 부족해집니다. 요강 사이 간격을 좁혀도 집 안 전체에 사람이 잠잘 곳만 빼면 죄다 요강으로 가득 찹니다. 이럴 때 문제 해결 방법은 뭘까요? 아주 큰 요강을 집 옆에다 짓는 걸까요? 요강은 해법이 아닙니다. 결국은 거기도 다 찰 테니까요. 화장실을 만들어야지요. 그런데 도저히 화장실을 만들 여건이 아니라면 그 집은 폐쇄하는 게 정답입니다.

우주에 존재하는 모든 물질은 원자로 이루어져 있습니다. 원자는 양성자와 중성자로 구성된 원자핵과 그 주위를 도는 전자로 구성됩니다. 핵발전소 원료는 우라늄으로, 이 우라늄의 원자핵은 특이하게도 중성자를 흡수하면 핵이 쪼개집니다. 이를 핵분열이라고 부르며 이때 많은 에너지가 방출됩니다. 이 에너지를 이용해서 전기를 생산하는 곳이 핵발전소입니다. 우라늄 1그램이 핵분열하면서 낼 수 있는 에너지가 석유 1,800리터, 석탄 3톤이 탈 때 내는 에너지와 비슷합니다. 분열 과정에서 많은 에너지와 함께 중성자가 2~3개 나옵니다. 우라늄은 또 중성자를 흡수하고 분열하고 엄청난 에너지를 내고 이렇게 연쇄적으로 분열이 일어나면 그게 핵폭탄입니다. 핵발전과 핵폭탄은 같은 원리입니다. 다만 핵발전소는 핵폭탄처럼 연쇄적으로 분열이 일어나지 않도록 속도를 조절합니다. 또 다른 점은 핵발전소(원자로 1기)에 들어가는 우라늄 양(1,000톤)이 핵폭탄(0.1톤)의 1만 배나 많다

는 점입니다. 핵분열이 일어나면서 나오는 방사능의 위험성
은 이미 후쿠시마 사고를 통해 접했습니다. 우리나라에서도
2019년 영광 한빛 핵발전소 1호기 격납고에서 화재가 발생
했고, 4호기 격납고에서 157센티미터짜리 구멍을 비롯해 크
고 작은 공극 200여 개가 발견되는 등 그간 너무나 많은 사
고가 끊이지 않았습니다. 그러나 핵 산업계는 안전하게 운
영하고 있다는 공허한 말만 되풀이합니다. 그렇다면 핵발전
은 사고만 안 나면 환영할 만한 발전일까요?

　연탄을 때고 나면 연탄재가 남듯 핵발전소도 연료인 우라
늄을 태우고 나면 쓰레기가 나옵니다. 그걸 고준위 방사능 폐
기물(이하 핵폐기물)이라 부릅니다. 간단히 말하면 핵 쓰레기입
니다. 이해를 돕고자 연탄재와 비교했지만 핵폐기물은 사실
연탄재와는 비교도 안 되는 엄청난 독성 물질입니다. 맨눈으
로 핵폐기물을 몇 분만 쳐다봐도 즉사할 만큼 맹독성입니다.
그래서 적어도 10만 년 동안 생물체와 완전히 격리된 상태로
안전하게 보관해야 합니다. 10만 년이란 세월은 대체 어느 정
도 시간일까요? 5,000년 전에 단군 할아버지가 고조선을 건
국했습니다. 그 세월이 스무 번이나 지나야 가닿는 그런 시간
입니다. 핵폐기물은 핵발전소를 가동하는 동안 쉼 없이 나옵
니다. 문제는 이런 핵폐기물을 영원히 안전하게 보관할 쓰레

기장이 없습니다. 정확히는 영원히 안전하게 보관할 기술이 없습니다. 우리나라뿐만 아니라 핵발전소를 운영하는 세계 30여 개 나라 어디에도 말이지요. 현재 우리나라에는 폐로한 2기와 운영 중인 26기* 핵발전소에 모두 핵폐기물이 임시로 저장되어 있습니다. 2019년 기준 우리나라 임시 저장 시설은 포화율이 90.3퍼센트입니다. 그렇다면 앞으로 영구 저장 기술이 개발될까요? 알 수 없는 일이지만 거의 불가능해 보입니다. 핵발전소를 보유한 기술 선진국들이 핵발전소를 닫고 있거든요. 방사능 위험도 위험이지만 사고가 발생했을 때 들어가는 천문학적인 비용도 부담이고 무엇보다 핵폐기물을 처리할 해법이 없기 때문입니다. 미국 루이지애나 리버벤드 핵발전소를 운영하는 엔터지Entergy사는 연방 에너지부를 연방 법원에 고소했습니다. 1985년 발전소 운영 계약 당시 연방 에너지부가 1998년까지 사용후핵연료(핵폐기물) 영구 처분장 확보를 보장했지만 20년 이상 확보에 실패했기 때문에 계약 위반으로 막대한 손해를 끼쳤다는 게 고소 이유입니다. 요구한 배상액은 3,500만 달러이며, 이전에도 연방 에너지부는 두 번에 걸쳐 엔터지사에 수천만 달러를 배상한 적이 있습니다.

● 2025년 기준 우리나라에 있는 핵발전 시설은 운영 중인 26기와 폐로 2기입니다. 고리 1호기는 2017년 7월에 영구 정지했으며, 월성 1호기도 2019년 12월에 영구 정지하기로 결정했습니다.

월성 핵발전소 원자로는 우리나라 다른 핵발전소 원자로와 달리 중수로형입니다. 중수로에서는 핵폐기물이 경수로에 비해 4.5배나 많이 나옵니다. 월성 핵발전소는 2021년 11월에 완전 포화가 예상되자 원자력안전위원회는 2020년 경주에 핵폐기물을 보관하는 캐니스터와 맥스터를 더 짓기로 결정했어요. 그러나 이것은 그저 임시 시설일 뿐입니다. 경주에는 이미 우리나라 전체 핵폐기물의 절반 이상이 있을 뿐만 아니라 중저준위 방사능 폐기물 저장 시설도 있습니다. 그런데 이곳에 다 영구 시설도 아니고 임시 저장 시설을 또 만들면서까지 발전소를 돌리겠다고 합니다. 월성 핵발전소에서 생산하는 전력은 전체 전력의 2.5퍼센트입니다, 25퍼센트도 아니고요. 대체 왜 그래야 할까요? 핵폐기물에 대한 해법 없이 시작된 핵발전소는 화장실 없이 잘 지은 집인 셈입니다. 화장실 없는 집은 분명 문제가 있습니다. 이 문제를 해결하는 유일한 방법은 계속 요강 개수만 늘리는 게 아니라 집을 폐쇄하는 것입니다.

● 원자로 안에서 우라늄의 원자핵이 중성자를 쉽게 흡수해 핵분열 연쇄 반응이 잘 일어날 수 있도록 중성자 속도를 늦추는 걸 감속재라 합니다. 원자로는 사용하는 감속재에 따라 둘로 나뉩니다. 감속재로 중수를 사용하면 중수로, 경수를 사용하면 경수로입니다.
● 중저준위 방사능 폐기물은 방사선 작업에 사용한 작업복, 장갑, 각종 교체 부품 등 방사능 세기가 비교적 약한 폐기물을 가리킵니다.

세 나라가 있습니다. 우연히 그 세 나라 과거 사를 들여다보다 재미난 사실을 발견했습니다. 한때 세 나라는 모두 같은 시도를 한 적이 있습니다. 그러다가 현재 세 나라는 서로 다른 길을 가고 있습니다.

석유 채굴 기술이 날로 발전하면서 새로운 유전을 계속 발견해 석유가 일상 에너지의 대명사이던 시절이 있었습니다. 1970년대는 세계 경제가 순풍을 타며 꾸준히 성장 가도를 달리던 때였습니다. 에너지 소비 역시 꾸준히 상승 그래프를 그리고 있었습니다. 그러다 오일 쇼크가 두 번 찾아옵니다. 4차 중동 전쟁과 이란 혁명으로 기름값이 큰 폭으로 올랐어요. 당시 주요 국가들 주가가 폭락할 정도로 경제에 미치는 파장이 적지 않았습니다. 선진국을 중심으로 석유를 대체할 에너지원을 찾기 시작했고, 평화적 이용이라는 교묘한 수사로 원자력발전이 슬그머니 자리를 차지했습니다.

세 나라는 독일, 덴마크, 일본입니다. 대표 탈핵 국가로 알려진 독일은 1969년부터 실용 핵발전을 시작해 한때 전체 전력의 30퍼센트를 핵발전이 담당하기도 했습니다. 1970년대 초 독일 연방 정부는 프라이부르크 가까이에 있는 비일 Wyhl 지역에 스무 번째 핵발전소를 건설하려 합니다. 비일 지역 사람들은 주변 숲을 망가뜨리면서 핵발전소를 건설하는 데에 반대했습니다. 숲을 지키려 핵발전소 건설 반대 운동을 하다 시민들은 환경 문제 전반에, 특히 핵문제에 눈을 뜨게 됐습니다. 이런 움직임은 독일 곳곳으로 퍼져 나갔고 그 와중에 1986년 체르노빌 사고가 일어났습니다. 독일은 체르노빌 낙진의 피해 국가이기도 했고요. 시민들의 반핵 운동은 더욱 거세졌습니다. 2011년에는 동일본 대지진으로 후쿠시마 핵발전소가 폭발하는 사고가 또 일어났습니다. 사고 수습이 안 되는 모습을 전 세계가 지켜봤지요. 독일 정부는 단계적으로 핵발전소를 폐쇄하기로 결정했고, 2023년 4월 15일 마지막 남은 3기 핵발전소 가동을 마침내 종료했습니다.

오일 쇼크 당시 덴마크는 전체 에너지 공급량 가운데 수입하는 석유가 88퍼센트를 차지했습니다. 당시 전 세계 주요 에너지원은 석유였습니다. 석유는 석탄처럼 태우고 나서 재를 치울 필요가 없고, 탄광 광부들의 파업에서도 자유롭다는 이점이 있었거든요. 송유관만 깔면 그 이후에는 사람의 노동력이 별로 필요 없기 때문이지요. 이렇게 석유 의존도가 높았기에 유가가 상승하자 새로운 에너지원이 필요해졌고, 그때 핵발전소가 눈에 들어왔습니다. 1976년 덴마크 정부는 향후 20년 동안 에너지 소비가 50퍼센트가량 증가하리라는 예측을 토대로 핵발전소 15기를 건설하겠다는 계획을 발표합니다. 이때 덴마크 공과대학 닐스 마이어 물리학 교수를 비롯한 과학자와 시민 들은 함께 머리 맞대고 〈대체 에너지 정책 보고서〉를 작성합니다. 10년간 정부와 시민들 사이에 지난한 싸움이 이어졌고, 핵발전소 계획을 접는 걸로 결론이 났습니다. 깨어 있는 시민의 조직된 힘으로 덴마크는 핵발전소를 아예 시작조차 하지 않았습니다.

일본은 1966년에 핵발전 상업 운전을 시작하며 매우 공격적으로 핵발전소를 건설했습니다. 당시 일본 시민 사회는 조용했습니다. 정부의 친핵 정책에 처음으로 반대 목소리가 나왔던 건 세계 최초로 고속 증식로 몬주에서 냉각제 유출

사고가 있었던 1995년이었습니다. 일본은 세계에서도 유례를 찾을 수 없는 핵과 악연이 있는 나라입니다. 1945년 8월 6일과 9일, 각각 히로시마와 나가사키에 리틀 보이little boy라는 이름이 붙은 우라늄 폭탄과 팻 맨fat man이라는 플루토늄 폭탄이 투하됐고, 그 후유증은 대를 이어 오고 있습니다. 그런데도 일본은 핵을 들여왔고, 2011년에는 후쿠시마에서 핵발전소 사고 최고 등급인 7등급 사고가 터졌습니다.

세 나라 이야기에서 가장 눈길을 끄는 건 덴마크 사례입니다. 물론 독일도 이제 핵발전소를 더 이상 가동하지 않지만 가동했'던' 핵발전소는 그대로 있지요. 향후에 폐로 과정에 굉장한 어려움이 있을 겁니다. 덴마크는 시민 사회 반발로 시작도 하지 않고 핵발전을 깨끗이 접었습니다. 어떻게 그런 일이 가능했을까 들여다보다가 그룬트비Grundtvig라는 인물을 발견했습니다. 그룬트비는 19세기를 살았던 덴마크의 종교인이자 시인, 교육자입니다. 틀에 박힌 교육이 아니라 일하는 국민을 위한 교육을 역설했고 그의 철학에 영향을 받은 자유 학교가 덴마크 곳곳에 세워졌습니다. 선생과 학생뿐만 아니라 남녀노소 평등하게 다양한 토론을 하면서 생각을 키워 가는 폴케호이스콜레가 대표 사례입니다. 100년 이상 이어진 이런 교육 환경이 핵발전소가 아예 발을 들여놓지 못하는 데에 큰 역할을 했습니다. 정부가 향후 20년 동안 50퍼센트가량 에너지가 증가하리라 예측했을 때 시민들은 왜 그토록 많은 에너지가 필요한지 의문을 던졌고, 핵발전소로 생산하려는 전기를 풍차로 해결하자고 했습니다. 그 유명한 풍차 프로젝트입니다.

풍요로움이 언제나 선일 수 있는지를 고민하는 나라, 핵발전을 아예 시작도 하지 않은 덴마크. 숲의 소중함을 알고 이웃 나라를 보며 핵의 위험성을 배운 나라, 핵발전을 포기하기로 결정한 독일. 핵의 상흔이 여전한데도 교훈을 얻지 못한 나라, 세계 최대 핵 사고를 여전히 수습도 못하고 있는 일본. 지금 우리는 어느 길을 따라가고 있을까요?

세계는 상품 사슬로 아주 가깝게 연결되어 있고, 먹을거리 역시 거리의 멀고 가까움에 구애받지 않는 세상에 우리는 살고 있습니다. 백화점이든 마트든 식품 매장에는 세계 곳곳에서 실어 온 먹을거리가 풍부합니다. 언제나 먹을거리로 그득한 식품 매장을 보면서 텅 비어 있는 장면을 상상하기란 쉽지 않습니다.

2021년 2월, 미국 텍사스주에서 갑작스런 한파로 발전소가 셧다운되면서 다수 지역 마트의 식품 매대가 텅텅 비는 일이 실제로 벌어졌습니다. 텅 빈 식품 매장에 먹을거리를 구하려는 사람들로 줄이 길게 늘어선 장면이 21세기에 등장한 겁니다. 그리고 몇 달 뒤 성공적인 우주여행이 이루어졌지요. 과학과 기술이 진일보한 인류 문명의 대단한 역설이 아닐 수 없습니다.

　같은 해 시월 초순, 브라질 남동부 상파울루를 비롯한 여러 지역에서 '하부브Haboob'라 불리는 거대한 모래 폭풍이 발생했습니다. 하부브는 건조한 지역에 상승기류가 발생하면서 일으키는 먼지 폭풍의 일종인데 주로 중동과 북아프리카에서 발생하는 걸로 알려져 있어요. 지평선 저 끝까지 수백 미터의 모래 폭풍이 도시를 삼키며 길게는 일곱 시간 가까이 낮을 밤으로 바꾸었습니다. 일부 지역에서는 인터넷이 끊기고 정전이 발생하는 혼란이 있었고요.
　전문가들은 고온 건조한 날씨가 계속되면서 백여 년 만에 발생한 극심한 가뭄을 모래 폭풍의 가장 큰 원인으로 보고 있는데요. 남아메리카 9개 나라 가운데 브라질에 아마존 열대우림이 가장 넓은 면적에 걸쳐 있고 세계에서 가장 긴 아마존강을 비롯해 수많은 지류가 형성돼 습지가 풍부한 곳인데, 어쩌다 이곳에 고온 건조한 날씨가 계속되었을까요?

　가축 사료에 쓸 콩을 재배하느라 농경지와 목초지를 넓히고 광산을 개발하면서 아마존 우림은 빠르게 줄어들고 있습니다. 브라질, 에콰도르, 인도네시아, 말레이시아 등 적도 근처에 있는 숲은 단지 물을 저장하는 정도를 넘어서 비를 만듭니다. 열대우림의 우림은 각각 ‘비 우雨’와 ‘수풀 림林’으로, 우림을 우리말로 하면 ‘비 숲’입니다.

나무는 땅속의 물을 뿌리로 빨아올려 필요한 곳에 사용한 뒤, 잎 뒷면에 있는 기공을 통해 수증기 상태로 내보냅니다. 수증기는 공기 중에 떠다니다가 비가 되어 내리지요. 아마존이 위치한 남아메리카뿐 아니라 멀리 북아메리카에 있는 캐나다의 물 공급에도 아마존 열대우림이 영향을 끼친다고 합니다. 한마디로 아마존 열대우림은 하늘을 흐르는 강인 셈이지요. 그 숲이 줄어든 만큼 물도 사라진 겁니다. 기후 시스템이 심각하게 삐걱거리기 시작하면서 해마다 세계 곳곳에서 산불이 끊이질 않았습니다. 산불로 숲이 사라지고 사라진 숲은 산불을 부르는 악순환입니다.

하부브가 발생했던 2021년에 브라질은 지독한 가뭄뿐 아니라 폭염에 냉해까지 발생하면서 심각한 기후 충격을 겪었어요. 우리나라 반대편에 있는 브라질의 기후 충격은 우리와 관련이 없을까요? 브라질은 커피를 비롯해 오렌지, 설탕, 옥수수 등 전 세계 많은 먹을거리를 생산하는 나라입니다. 기후 충격으로 농사를 망쳐 생산량이 줄고 생산량이 줄어드니까 가격이 오릅니다. 식량 가격이 출렁이면 우리나라처럼 식량의 절반 이상을 해외에 의존하는 나라는 영향을 받을 수밖에 없습니다. 기후는 인류 역사를 관통하며 지배해 왔습니다. 기후 위기는 한마디로 식량 위기이고 그런 까닭에 이미 식량은 '주권'이고 '안보'인 시대가 되었습니다.

한국농어촌경제연구원에 따르면 3년간(2021~2023년)의 평균 곡물 자급률은 19.5퍼센트입니다. 곡물 자급률은 국가별 곡물(쌀, 보리, 밀, 옥수수 등) 생산량 가운데 자국에서 소비되는 비율을 의미합니다. 유엔식량농업기구에 따르면 같은 기간 세계 평균 곡물 자급률은 100.7퍼센트입니다. 우리나라의 이토록 낮은 곡물 자급률과 높은 곡물 수입 의존도는 기후나 다른 외부 요인에 의해 언제든 식량 위기에 처할 수 있다는 걸 의미합니다. 코로나 초기에 전 세계가 록다운되었을 때 식량 문제는 자칫 큰 사회 문제를 일으킬 수 있었지요. 다행히 록다운은 금세 해제되었고 세계 대양에는 다시 화물선이 떠다니기 시작했습니다.

과거 문명의 성쇠가 기후와 환경에 좌우되었다는 환경결정론이 힘을 얻는 근거를 굳이 찾을 필요도 없습니다. 지금 우리 앞에 펼쳐지는 기후로 인한 파국의 모습이 점점 또렷해지고 있지 않은가요? 브라질 가뭄 소식과 함께 커피 가격이 오릅니다. 커피야 기호식품이니 피해 갈 수 있다지만 우리의 식량 주권은 어떻게 확보할 수 있을까요? 선거 기간이 되면 온갖 공약이 난무하지만 식량 주권을 어떤 식으로 지키겠다는 이야기는 잘 들리지 않습니다. 국내 농지는 나날이 줄어들고 있고 더 이상 농사를 업으로 생활할 수 없는 농민들은 벼랑 끝으로 내몰리고 있습니다. 고작 2백만 명이 조금 넘는 농민의 표를 버린대도 대세에 지장이 없기에 농업 문제가 선거 공약에 낄 수 없는 건 혹시 아닐까요?

텅텅 빈 식품 매장이 언제고 닥쳐올 수 있다는 상상을 많은 이들이 해 보길 바랍니다. 얼마나 허약한 기반 위에 우리의 식품 매장이 채워져 있는지를 가늠해 봐야 할 시점이 아닌가 싶습니다. 농업 정책에 시민들의 관심이 높아져야 선거 공약에서, 정치에서 우리의 식량 주권을 확보할 수 있지 않을까요? 시리아 난민들이 세계를 유랑하게 된 시작점이 극심한 가뭄이었다는 사실을 기억할 필요가 있습니다. 그 누구도 먹지 않고는 살아갈 수 없는데 기후는 시시각각 우리의 먹을거리를 위협하고 있습니다. 우리의 생존을 담보할 식량 주권이야말로 지금 가장 절실한 문제 아닐까요?

세계 인구의 4분의 1이 넘는 사람들이 믿는 종교가 이슬람입니다. 이슬람에는 금식의 전통이 있어요. 금식이 한 달 동안 이어지는데, 이 기간을 라마단이라 부르며 매년 이슬람력으로 9월에 있어요. 이달은 이슬람교도인 무슬림이 가장 신성하게 여기는 달입니다. 라마단 한 달 동안 무슬림들은 아침에 해가 뜰 때부터 저녁에 해가 질 때까지 먹지도 마시지도 않는 금식을 합니다. 물론 한 달 동안 완전히 금식하는 것은 불가능하지요. 해가 지고 나면 음식을 먹습니다.

이슬람 국가에 가면 라마단 내내 모든 마트, 백화점, 식당이 낮에는 문을 닫고 밤이 되어야 문을 엽니다. 왜 금식을 하는 걸까요? 매 끼니를 당연하게 생각하다가 금식하는 동안 음식의 존재가 얼마나 귀한지 느끼게 된다고 해요. 그래서 음식을 제공해 주는 신께 감사하는 마음이 더 생기고, 인간이란 음식 없이는 하루도 제대로 생활할 수 없는 존재라는 걸 확인하는 시간이라고 합니다. 이 기간 동안 기부와 같은 자선을 행하기도 하는 좋은 전통이지요.

대표적인 이슬람 국가인 사우디아라비아에서도 라마단은 엄격히 지켜집니다. 그런데 금식을 하기 때문에 음식 소비가 줄 것이라는 상식과는 달리 오히려 평소보다 더 많은 음식이 소비되는 걸로 통계가 나와요. 아마도 활동하는 시간 내내 굶다가 먹게 되니 더 많이 먹게 되기도 하고, 라마단 기간 동안에는 가족과 친지가 모여 파티를 여는 등의 행사가 있기 때문에 음식 소비가 더 많은 것 같아요.

음식뿐만이 아닙니다. 금욕적인 생활을 하는 라마단 기간에 사실 가장 많은 소비가 일어납니다. 라마단 동안에도 가족 친지들이 모여 만찬을 즐길 뿐만 아니라 라마단을 무사히 마친 후에도 무슬림들은 '이드 알피트르Eid al-Fitr'라는 축제일을 또 즐겨요. 이드는 아랍어로 축제, 피트르는 단식의 종료를 의미하며, 이날은 무슬림의 휴일입니다. 줄여서 이드라고 부르는데요. 이드를 기념하며 무슬림들은 새 옷을 사고 가족 친지들에게 선물을 하거나 음식을 대접하면서 덕담을 나누는 풍습이 있어요. 그래서 라마단 동안 전자제품, 의류, 식품 등 여러 분야에서 가장 많은 소비가 발생합니다. 이를 놓치지 않으려고 기업들은 다양한 마케팅을 준비하며 홍보에 열을 올립니다. 쇼핑센터나 백화점, 마트 등은 새벽까지 연장 운영하면서 대대적인 세일을 하며 사람들의 소비를 촉진시키려 합니다. 그래서 무슬림의 블랙프라이데이라는 별칭까지 생겼지요.

소비가 많아질수록 쓰레기가 증가하는 건 당연하겠지요? 상황이 이렇다 보니 라마단 기간 중에 음식물 쓰레기가 증가하는 것에 대해 문제가 있다고 생각하는 무슬림이 증가하고 있어요. 문제의식을 느낀 일부 무슬림들 사이에서 '그린 라마단 이니셔티브' 운동이 일고 있는 걸 봐도 알 수 있지요. '라마단 동안 벌이는 만찬에 음식물 쓰레기가 발생하지 않도록 하기', '일회용 플라스틱 식기류를 사용하지 않기', '기도 전에 손발 씻는 물을 적게 사용하기', '모스크에 갈 때 카풀 하기' 등을 실천하는 운동입니다.

2018년 5월, 아랍에미리트, 이집트, 사우디아라비아 세 나라 주민을 대상으로 실시했던 설문 조사에서 응답자의 83퍼센트는 음식물 쓰레기가 환경에 끼치는 영향을 인지하고 있고, 79퍼센트는 라마단 기간 중에 식품을 저장하는 등의 방법으로 음식물 쓰레기를 줄이려 노력한다고 밝혔어요.

또 68퍼센트는 식당에서 식사 후 남은 음식을 자주 포장해 가고, 83퍼센트는 기회가 된다면 불우한 사람들에게 음식을 제공한다고 응답했고요.

전 세계 무슬림들 사이에 그린 라마단 이니셔티브가 확산 되어 자리 잡게 된다면 지구 전체 환경에 큰 도움이 될 겁니다. 무려 인구의 4분의 1이 무슬림이니까요. 생각해 보면 애당초 라마단은 금식과 금욕을 통한 삶의 방식을 돌아보고 지혜로워지자는 취지이니 그린 라마단 이니셔티브는 본래의 취지로 돌아가는 움직임이라고 볼 수 있겠지요.

수리 가능성 지수는 '가능'하다

친밀한 존재라고 하면 대개는 가족이나 친구 또는 반려동물을 떠올리게 되지요. 그런데 살아 있는 존재가 아님에도 불구하고 대부분 사람이 굉장한 친밀감을 느끼는 '물건'이 있어요. 잠들 때까지 끼고 있고 눈뜨자마자 찾는 친밀한 물건, 스마트폰입니다. 스마트폰은 내 신체의 일부이면서 세상과 나를 연결해 주는 중요한 도구이지요. 어쩌면 가족보다 더 친밀한 관계일 수도 있지 않을까 하는 생각마저 듭니다. 지금까지 인류의 그 어떤 발명품보다 뛰어난 그래서 이름마저 '스마트'입니다. 그렇지만 디지털 탄소 발자국에 대해 알고 나면 스마트폰은 결코 스마트하지 않다는 걸 깨닫게 됩니다.

디지털 탄소 발자국은 흔히 디지털 기기를 사용하느라 전력을 소비하고 데이터를 소비하는 과정에서 배출하는 탄소로 정의하지만 이 정의는 충분치 않은 것 같아요. 디지털 기기를 사용할 때뿐만 아니라, 기기를 생산하고 폐기하는 전 과정에 걸쳐 배출하는 탄소를 포함시켜야 하니까요. 사실 스마트폰을 사용하는 동안 배출하는 탄소는 전 과정에서 배출하는 탄소의 13퍼센트 안팎에 불과합니다. 물건의 목적은 '사용'이지만 사용 이전과 이후 과정에서 배출되는 탄소가 훨씬 많다는 사실은 충격적이기까지 합니다. 이런 걸 일컬어 배보다 배꼽이 크다고 하던가요? 목적은 스마트폰을 사용하는 것인데 정작 스마트폰 사용을 제외한 앞뒤 공정에서 더 많은 탄소가 배출된다는 것은 결국 스마트폰 사용 기간이 짧다는 것입니다. 스마트폰 한 대를 오래도록 사용한다면 생산과 폐기 과정이 짧아질 테고 탄소 배출은 그만큼 줄어들겠지요.

글로벌 기술 시장 분석 기업인 카날리스Canalys의 최신 조사에 따르면, 글로벌 스마트폰 시장은 2024년 한 해에만 12억 대 이상의 스마트폰을 생산했습니다. 전 지구적으로 이미 생산된 스마트폰은 70억 대를 훌쩍 넘겼고요. 그럼에도 불구하고 해마다 새로운 기능과 디자인으로 신제품을 출시하고 경쟁적으로 신제품을 구입하기 위해 예약 주문도 마다하지 않아요. 기능과 디자인에 온통 마음이 사로잡혀서, 스마트폰 생산 과정에서 발생하는 문제를 궁금해하는 사람은 생각보다 많지 않은 것 같습니다. 스마트폰 한 대에 수십 가지 광물이 필요한데 광물을 채굴하고 제련하는 과정, 배로 실어 나르고 화학 약품과 물을 투입하는 등 수많은 공정에서 탄소 배출은 지속적으로 발생할 수밖에 없습니다. 이만큼 생각하다 보면 올여름 폭염과 내 스마트폰이 무척 가깝게 연결돼 있다는 사실을 발견하게 됩니다. 그렇다면 디지털 탄소 발자국을 줄일 방법은 없을까요?

　이메일을 정리하고 절전모드로 사용하고 스마트폰 사용 시간을 줄이는 게 탄소 배출을 줄이는 데 도움이 되긴 하나 한계가 분명해 보입니다. 우주여행이 가능해진 시대에 스마트폰 한 대를 고작 몇 년밖에 사용할 수 없다는 건 인류 기술에 대한 모독 아닐까요? 스마트폰 한 대를 10년 정도는 사용하는 게 그나마 전 과정에서 배출되는 탄소를 어느 정도 줄일 수 있을 것 같아요. 오래 사용하려면 신제품을 쉼 없이 쏟아 내며 상징적 진부화를 부추기는 기업의 행태에 변화가 필요해 보입니다. 스마트폰이 끼치는 환경적 폐해에 눈뜬 이들은 가능하면 오래도록 스마트폰을 쓰고 싶어 합니다. 이런 마음이 실현되기 위해서는 제품을 구입하기에 앞서 내가 사려는 물건이 튼튼한지, 수리가 필요할 때 수월할지를 미리 알고 선택할 수 있어야 해요. 그래야 제품을 오래도록 사용하고, 사용 중 고장이 발생해도 쉽게 수리하면서 탄소 배출을 적극적으로 줄이는 일이 가능하니까요.

프랑스에 도입된 '수리 가능성 지수'가 바로 이런 점을 충족시켜 줄 수 있습니다. 수리 가능성 지수는 수리 난이도, 부품 공급 원활 정도, 부품 가격 등에 따라 제품에 1점부터 10점까지 점수를 매기는 제도로 2021년 1월부터 유럽 최초로 프랑스에서 표시를 의무화하고 있어요. 현재는 모든 가전제품에 부착하는 건 아니지만 스마트폰이나 노트북 등 주로 사용하는 제품부터 표시하고 있습니다.

전 세계적으로 스마트폰 교체 주기가 길어지고 있기는 합니다. 단말기 가격이 상승한 데다 성능이 좋아진 결과라고 하는데요. 2023~2024년 기준 글로벌 스마트폰 교체 주기는 약 3년 7개월로 과거 2년 9개월보다 길어지긴 했어요. 그런데 우리나라 스마트폰 교체 주기는 글로벌 평균보다 10개월 정도 짧습니다. 2년 약정 기간이라는 판매 방식과 요금 할인 등의 제도 때문이라고 합니다. 약정 기간의 부담을 덜기 위해 생겨난 게 자급제 폰인데요. 자급제 폰은 통신사와 상관없이 휴대폰을 구매하거나 중고 폰을 사용하는 걸 의미합니다. 자급제 폰을 구매할 경우 알뜰폰 요금제를 이용할 수 있어 약정이나 추가 금액에서 자유로워 저렴하게 이용할 수 있는 장점이 있습니다. 거기에 더해 환경에도 이로우니 추천할 만한 제도입니다. 다만 자급제 폰이어도 고장 났을 때 수리가 쉬워야 하고 내구성이 좋아 오래 사용할 수 있도록 수리 가능성을 높여야 하는 과제는 여전히 남습니다.

사실 수리 가능성 지수와 비슷한 제도가 이미 우리 사회에 있어요. 바로 에너지효율등급인데요. 에어컨이나, 냉장고, 자동차 같은 제품에 에너지효율등급이라는 스티커가 부착돼 있지요. 1등급부터 5등급까지 표시되어 있고, 부착된 제품의 에너지효율등급을 알려 줍니다. 물건을 사는 사람은 전력 소모가 많은 제품을 구입할 때 이 등급을 참고하지요. 오래 쓰자고 아무리 구호를 외친들 현실은 그럴 수 없다는 걸 이미 알고 있어요. 지속 가능할 수 없는 이런 과잉 생산의 패러다임이 얼른 바뀌어야 할 것 같아요. 수리 가능성 지수가 이 땅에서도 얼마든지 가능하다는 걸 실현할 수 있는 방법은 뭘까요? 결국 입법 과정이 필요합니다. 우리 손으로 뽑은 입법부인 국회가 수리 가능성 지수를 제품에 부착하는 걸 의무화하는 법안을 하루빨리 만들 수 있도록 우리 각자 자신의 지역구 국회의원에게 요구해요.

2023년 1월 영국 자선 단체인 크리스천 에이드Christian Aid는 2022년 세계적으로 최악의 피해를 가져온 10개 기후 재난으로 최소 126조 원의 손실이 발생했다는 보고서를 발표합니다. 상황이 이렇다 보니 세계 경제 포럼다보스 포럼은 해마다 〈지구 위기 보고서〉를 발간하기에 이르렀어요. 경제를 논하는 포럼에서 지구 위기에 관한 보고서를 발표하는 까닭은 자연재해로 말미암은 경제 손실이 어마어마하니 이에 대한 대비를 하자는 취지겠지요. 지구에서 발생할 가능성이 높은 위기와 발생했을 때 주는 충격이 클 위기를 순위별로 보여 주는 그래프는 한눈에 지구 상황을 볼 수 있어 요긴합니다. 발생 가능성이 높은 위기는 극한 기후, 기후 행동 실패, 자연재해, 생물 다양성 훼손, 인간 유발 환경 재난 그리고 물 위기 등입니다. 충격이 클 것으로 예상되는 10가지 위기는 기후 행동 실패, 대량 살상 무기, 생물 다양성 훼손, 극한 기후, 물 위기, 정보 인프라 붕괴, 자연재해, 사이버 공격, 인간이 만든 환경 재난, 전염병 순이고요. 발생 가능성과 발생했을 때 충격이 큰 위기가 모두 기후와 깊은 관련이 있습니다. 이 그래프는 인류가 고통을 받게 된다면 그 원인은 기후일 가능성이 매우 높다는 걸 경고합니다. 기후에 따라 사회 경제 시스템이 달라지기 때문입니다. 그런데 2024년 보고서를 보면 인류가 직면한 10가지 위협 순위에서 1위는 기상 이변이지만, 잘못된 가짜 정보나 국가 간 무력 충돌, 사회적 양극화 등이 새롭게 추가되었어요. 최근 몇 년 사이 물가 상승, 경기 침체 여파 등으로 녹색 전환*에 안 좋은 영향을 미칠까 우려스럽기도 합니다.

문명의 명멸은 기후에 좌우됐습니다. 2018년 영국 케임브리지대와 미국 플로리다대 공동 연구팀은 마야 문명의 멸망 원인이 당시 발생한 심각한 가뭄일 수 있다는 연구 결과를 〈사이언스Science〉에 발표했습니다. 최고 수준으로 번창하던 마야 문명이 9세기 무렵 갑자기 세계사에서 사라져 버렸습니다. 이 무렵 대체로 온난한 기후가 지속됐지만 세계 곳곳에서 극심한 가뭄이 발생하는 등 이상 기후가 나타나기도 했습니다. 북유럽 바이킹족의 이동도 온난기와 맞물립니다. 온화한 기후로 농업 수확량이 증가하며 인구가 늘었기 때문입니다. 이 시기를 기후학자들은 중세 온난기라고 부릅니다. 이후 소빙하기라 불리는 13세기 초부터 17세기 후반에 걸쳐 칭기즈 칸의 군사 원정이 이뤄졌습니다. 기온이 낮아지자 말을 먹이고 유목 생활을 하는 데에 필요한 초원이 급격히 줄었기 때문입니다. 이를 타개할 방법을 찾으며 칭기즈 칸은 유럽으로 영토를 확장하다 제국을 건설하기에 이르렀습니다. 소빙하기는 조선도 빗겨 가지 않았습니다. 저온으로 인한 흉작으로 기근이 극심했습니다. 당시 조선 인구는 1,200만~1,400만 명이었는데 소빙하기 영향으로 10만~150만 명이 굶어 죽었습니다. 경신 대기근의 기록입니다. 기록에 따르면 임진왜란보다 더한 재난이 경신 대기근이었습니다. 저온은 흉작으로 이어지고 먹을거리가 부족해지자 곡물 가격이 급등하는 등 사회 경제 시스템에 많은 변화가 나타났습니다. 기후는 비단 먹을거리뿐만 아니라 건축 양식에도 영향을 끼쳤습니다. 창문이 큰 고딕 양식에서 소빙하기를 거치며 작은 바로크 양식으로 바뀐 것입니다.

플라이스토세 빙하기가 끝난 1만 1,700년 전부터는 인류가 활동하기에 적합한 온화한 기후가 지속됐습니다. 지질 시대 분류로는 홀로세에 속합니다. 홀로세의 홀로Holo는 완전하다는 의미로 인류가 살기에 적합한 지질 시대라는 뜻입니다. 기후가 예측 가능해지자 인류는 정착 생활을 시작했고 농작물의 잉여량이 늘었습니다. 지식 축적이 이뤄졌고 문화와 과학이 발전할 수 있는 토대가 마련됐습니다. 인류사가 이처럼 기후에 직접 영향을 받는 까닭은 농사와 직결되기 때문입니다. 결국 먹고사는 문제가 기후에 달렸으니까요. 지금 기후 위기를 우려하는 것도 바로 이 먹고사는 문제 때문입니다. 아이러니하게도 온실가스를 가장 많이 배출하는 원인 가운데 하나가 바로 이 먹을거리를 생산하는 데에 있습니다.

과도한 화석 연료 사용으로 배출된 온실가스가 지구를 덥히고 그 때문에 기후가 예측할 수 없이 변한다는 것까진 이제 누구나 압니다. 그런데 이 많은 화석 연료가 어디에 쓰이는지는 잘 알지 못합니다. 보통 화석 연료를 쓰는 곳 하면 자동차나 발전소를 떠올립니다. 그런데 의외로 탄소 배출이 많은데도 사람들이 간과하는 부분이 바로 먹을거리, 특히 '육식'입니다.

지난 50년 사이에 전 세계 육류 소비가 100배가량 늘었습니다. 가난한 나라는 끼니를 걱정해야 하는 형편이니 육식 소비는 대부분 잘사는 나라에 집중됩니다. 한국농촌경제연구원에 따르면 2023년 소고기, 돼지고기, 닭고기 등 3대 육류 소비량이 1인당 60킬로그램을 넘었어요. 앞으로도 소비량은 꾸준히 증가할 것으로 내다보는데요. 이 추세라면 소비량이 2028년에는 61킬로그램, 2033년에는 65킬로그램을 넘길 것으로 전망하고 있어요. 유엔식량농업기구 보고서에 따르면 지구에서 얼음이 없는 지역의 26퍼센트가 가축을 기르는 데에 쓰이고, 전체 경작지의 33퍼센트에서 가축 사료용 작물을 재배합니다. 작물을 기르고자 벌목이 이어지면서 숲이 사라졌습니다. 온전했다면 이산화탄소를 흡수했을 숲이 말이지요. 작물을 기르는 데에 들어가는 비료며 농약, 살충제는 모두 석유 화학 제품입니다. 소는 되새김질하며 생긴 메탄을 트림으로 연간 1억 톤가량 내보냅니다. 메탄은 적게 잡아도 이산화탄소보다 20배 이상 온실 효과를 내는 물질입니다. 인류가 배출하는 탄소의 15퍼센트 정도가 축산업에서 나옵니다.

현재 인류는 그동안 일방적으로 영향을 받아 왔던 기후를 변화시키기에 이르렀습니다. 그리고 변화시킨 기후는 부메랑이 돼 다시 우리에게 돌아오고 있습니다. 가장 쉬운 반찬

이 고기반찬이 됐고 고깃집이 아닌 식당을 찾기가 어려워진
이 시대에 과연 우리는 부메랑을 막고 온화한 기후를 지켜
낼 수 있을까요?

6장

내 장바구니가 어떻게 지구 반대편을 바꿀까?

　　국민 생선이라 일컬어지는 고등어가 이제 동
해에서는 별로 잡히지 않는다고 해요. 어쩌다 잡히는 고등
어도 크기가 작아 상품성이 떨어지고요. 내륙 지역인 안동
의 대표 음식이 간고등어일 정도로 전 국민의 사랑을 널리
받던 생선이 어쩌다 이렇게 되었을까요? 사실 동해에서 사
라진 생선은 일찍이 명태였죠. 동해에서 건져 올린 명태는
대관령 덕장에서 눈보라를 견디며 황태가 되었고요. 뜨끈한
황탯국은 겨울의 별미로 많은 이에게 사랑받는 메뉴지요.
이제 명태는 러시아 캄차카반도 인근 오호츠크해에서 주로
잡혀요. 어디 고등어, 명태뿐일까요? 우리 입맛에 익숙한 수
많은 생선이 더 이상 우리 연안에서 보기 어려워진 건 이미
꽤 오래된 얘기지요. 1990년대 후반부터 수산물 어획량이

크게 줄기 시작했습니다. 당시에는 어획량이 줄어든 이유를 남획과 해양 오염 그리고 한·일, 한·중어업협정 이후 어장이 축소되었기 때문이라고 분석했어요. 틀린 분석이 아닐 겁니다. 게다가 명태와 고등어는 수온에 민감한 물고기지요. 해수 온도가 상승하면서 물고기들이 점점 위도가 높은 곳으로 이동하는 것도 어획량이 줄어든 이유입니다.

　부족해진 고등어를 노르웨이에서 실어 옵니다. 노르웨이에서 고등어를 수입해 온다면 노르웨이 사람들도 고등어를 먹는다는 건가요? 흔히 노르웨이 하면 연어, 대구 그리고 청어가 떠오르지 고등어를 즐겨 먹는다는 얘긴 들어 본 적이 없어요. 사실 고등어는 노르웨이 앞바다에서 흔히 잡히는 생선이 아니었어요. 그러다 1990년대 후반부터 노르웨이 해역에서 고등어가 늘어나더니 2010년 이후에 폭발적으로 증가합니다. 온난화의 영향으로 찬 바다인 노르웨이 주변 북유럽 바다 수온이 고등어가 살 만한 온도가 되었으니까요. 더 정확히 표현하자면 고등어가 좋아할 만한 먹잇감이 기온 상승으로 북쪽으로 이동했고 고등어 또한 이동성이 강한 어류라 먹이가 풍부한 바다로 몰리게 된 것입니다. 문제는 고등어가 먹성이 상당히 좋은 어류라는 점이었어요. 그렇다 보니 동물성 플랑크톤, 작은 물고기 등을 닥치는 대로 먹어치우면서 청어, 어린 대구 같은 다른 종과 경쟁을 하게 되었어요. 물고기뿐 아니라 바닷새와 해양 포유류 역시 먹이를 놓고 고등어와 경쟁 관계에 놓이게 되었지요. 노르웨이 사람들에게 익숙치 않은 어종이 증가한 데다 기존 어장의 생태계에 균형이 깨지게 생긴 터라 노르웨이에서는 고민이 되었을 것 같아요. 마침 고등어를 즐겨 먹는 동아시아 삼국의 어장에서 고등어 개체 수가 줄어드는 시기와 맞아떨어지면서 노르웨이는 연어에 이어 세계 최대 고등어 수출국이 됩니다. 기후 변동성은 바닷속 생태계까지 영향을 미치지 않는 곳이 없네요. 그런데 이런 생각이 또 듭니다. 노르웨이 앞바다마저 수온이 올라가 고등어가 살기 힘들어진다면 이제 고등어는 어디로 가야 할까요? 수산물 지도가 지구 기온 상승과 발맞춰 빠르게 바뀌고 있어요.

바다에서 물고기가 잡히지 않자 인류는 물고기를 길러 먹는 방법을 생각해 냈습니다. 현재 전 세계 생선의 절반 이상이 양식으로 생산되고 있어요. 위기를 기회로 본 것일까요? 그런데 양식업은 그저 가둬 두기만 한다고 물고기를 기를 수 있는 게 아니에요. 양식장 물고기도 무언가를 먹어야 하니까요. 양식장에 기르는 물고기를 먹이기 위한 사료에 자연산 물고기가 필요합니다. 엄청난 역설이 아닐 수 없지요.

양식으로 기른 물고기는 결국 공장에서 생산하는 제품과 마찬가지입니다. 성장이 빨라야 이윤도 그만큼 커지겠지요. 자연산 물고기로 만든 어분fish meal은 단백질뿐 아니라 여러 미네랄이 풍부해서 양식장 사료로 많이 활용됩니다. 가축 사료나 반려동물 사료, 건강 보조제 등에도 쓰이지요. 그래서 어분은 황금 가루라는 별칭으로도 불립니다.

아프리카 서해안에 감비아라는 나라가 있어요. 감비아에는 볼롱페뇨 석호가 있는데요. 자연 풍광이 뛰어나고 생물 다양성도 풍부한 곳이'었'어요. 2017년 석호에 유해한 물질이 다량 유입되면서 생태계가 망가졌는데, 근처에 들어선 생선 가공 공장에서 흘려보낸 폐수 때문이었어요. 아프리카 주변 바다는 황금 어장이라 불릴 정도로 어장이 풍부해요. 그러자 생선 가공 공장이 들어서기 시작했고 어종을 가리지 않고 잡아들인 물고기로 어분을 만들었습니다.

감비아 연안에서 흔하게 잡히던 봉가라는 청어과 물고기는 그 지역 사람들에게 주요한 단백질 공급원이었어요. 생선 가공 공장이 생긴 이후 봉가는 잘 잡히지 않을 뿐만 아니라 귀한 생선이 되었어요. 감비아뿐 아니라 아프리카 서해안에 위치한 모리타니, 세네갈, 기니비사우 등에 이런 어분 공장이 많이 들어서면서 연안 어업은 황폐해졌습니다. 우리

식탁이 세네갈산 갈치, 모리타니산 문어로 풍성해진 대가가 그 지역 사람들의 더욱 곤궁해진 밥상이라는 사실이 불편하기만 합니다.

연중 언제나 먹을 수 있는 식재료가 차고 넘치는 시절입니다. 아르헨티나에서 수입해 오는 붉은 새우는 볶음밥, 피자, 샌드위치, 버거에 들어가며 미각을 돋웁니다. 2021년 7월, 아르헨티나 파타고니아에 위치한 추부트주에 있는 코르포 석호가 진홍색으로 변했어요. 근처 수산물 가공 공장에서 새우 보전에 사용하는 살균제 화학 물질이 섞인 폐기물을 처리하지 않은 채 방류하면서 벌어진 일입니다. 내 지역에서 이런 일이 벌어진다면 우리는 분노할 겁니다. 그러나 너무 먼 거리에서 벌어지는 일을 알기란 어려워요. 우리가 알 수 있는 정보란 고작해야 원산지일 뿐이니까요.

아시아로 가 볼까요? 전 세계 새우와 왕새우 최대 공급지는 타이만입니다. 이곳은 또한 양식업 등에 사용하는 사료나 반려동물 사료, 건강 보조제의 원재료 주요 산지이기도 하고요. 바다에서 수산물 생산에 필요한 노동을 하는 이들을 해상 노동자라 부르는데요. 해상 노동자들이 강제 노동에 시달리는 악명 높은 지역 가운데 하나가 또한 타이만입니다. 어업 활동을 하는 와중에 학대가 가장 심각하게 벌어지는 지역이거든요. 이 지역에는 약 20만 명의 이주 어민이 일하고 있는데 대부분 인근 지역인 캄보디아, 미얀마, 인도네시아, 필리핀 등지에서 온 노동자들입니다. 국제노동기구 ILO 조사에 따르면 이들 가운데 최소 6분의 1이 본인의 의사와는 무관하게 강요나 기만, 인신매매 등에 의해 선상 작업을 하게 된 거라고 해요. 원산지만으로는 알 길이 없는 것들이지요.

유럽, 아프리카, 남아메리카, 아시아에 이르기까지 머나먼 대륙에서 이동해 온 음식으로 풍성해진 내 식탁 위가 누군가의 눈물로 이뤄진 거라면 우리가 할 수 있는 일은 무엇일까요? 여러 가지가 떠오릅니다. 그 가운데 지구 어디서든 인권이 보호받을 수 있도록 연대할 수 있는 용기도 꼭 필요할 것 같아요.

관습적 권리라고 들어 보았나요? 조상 대대로 한 지역에 살아온 지역민들이 부여받는 토지에 관한 권리로, 나고 자란 땅에서 농사짓고 마을 숲에서 나는 임산물을 채취하는 생활을 보장하는 권리인 셈입니다. 인도네시아는 이런 관습적 권리를 헌법에 명시해 뒀습니다. 그러나 1967년 수하르토가 대통령으로 집권하면서 관습적 권리를 무시하고 모든 산림을 국유화해 버렸습니다. 그런 뒤 외국인 투자자들에게 산림 사업 허가권을 남발하여 넘겼습니다. 이렇게 해서 생긴 이윤은 정치권으로 흘러들어 갔고 수하르토가 빼돌린 돈만도 수백억 원에 이르는 것으로 추산합니다. 2004년 국제투명성기구TI가 수하르토를 20세기 가장 부패한 지도자로 선정했던 것도 이 때문입니다.

외국인 투자자들은 카사바, 코코넛, 양배추, 쌀, 천연고무 등 여러 작물이 어우러지던 인도네시아 산림을 밀어 버리고 과자, 라면, 아이스크림, 초콜릿 같은 가공식품에서 화장품, 세제, 치약뿐만 아니라 연료, 펄프, 제지, 비료, 사료, 심지어 가구용 합판에 이르기까지 소비재의 절반 이상에 쓰이는 기름야자 단일 농장을 만들었습니다. 기름야자 원산지는 서아프리카로 알려져 있지만 현재는 연중 강수량과 온도가 높은 열대 지역에서 재배가 가능합니다. 씨를 뿌리고 2~3년이 지나서부터 수확하기 시작하며 25년 동안 수확할 수 있습니다. 기름야자는 버릴 게 없습니다. 팜유를 만드는 열매뿐만 아니라 씨앗, 줄기까지 부위별로 다 쓰임이 있습니다. 전 세계 기름야자 85퍼센트 이상이 인도네시아와 말레이시아에서 생산됩니다. 이 가운데 절반 이상이 인도네시아에서 나옵니다. 세계 기름야자 소비량은 1995년 1,460만 톤에서 2016년 6,900만 톤으로 5배 가까이 증가했습니다. 인구 증가도 한 요인이지만 무엇보다도 소비재 생산이 급증했기 때문입니다.

기름야자 수요가 증가하니 농장도 급격히 확장됐습니다. 기름야자 농장을 만들기 위해 시간당 축구장 300개와 맞먹는 면적의 열대림이 사라진다는 이야기는 이미 널리 알려진 사실입니다. 2023년 기준 인도네시아에 있는 기름야자 농장 면적은 대략 1,680만 헥타르에 이릅니다. 남한 면적(약 천만 헥타르)의 두 배 가까운 규모의 숲이 사라졌다는 걸 의미하지요. 그리고 이 규모는 계속 확장될 예정입니다. 열대림은 세계 이산화탄소의 약 25퍼센트를 저장하고 있습니다. 이런 숲이 파괴되면서 나오는 온실가스는 전 세계 배출량의 15퍼센트를 차지합니다. 자동차, 비행기 등 모든 운송 수단의 배출량을 합친 것보다 많은 양입니다. 숲을 없애는 가장 값싸고 쉬운 방법이 방화입니다.

더 큰 문제는 인도네시아 이탄 습지 개간입니다. 기름야자 농장을 만들고자 이탄 습지의 물을 뺍니다. 이탄은 완전히 탄화할 정도로 오래되지 않은 석탄의 한 종류인데, 물기가 빠지고 건조해진 이탄은 강한 햇볕에 노출되면 자연 발화합니다. 2015년, 엘니뇨로 대기가 고온 건조해지자 산불이 걷잡을 수 없이 번져 몇 달간 동남아 거의 전역이 산불 연기에 뒤덮이는 일이 벌어졌습니다. 이탄 습지 개간과 직접 관련이 있는 화재였습니다.

다양한 동식물이 어울려 살던 열대림이 불타 사라지니 생물 다양성도 크게 훼손됐습니다. 오랑우탄 같은 동물은 서식지를 잃었습니다. 선주민들도 마찬가지입니다. 관습적 권리를 빼앗기며 일용할 양식을 구하던 그들의 부엌이자 곳간을 하루아침에 잃어버렸습니다. 기름야자 농장에 일자리를 주겠다던 기업들은 오히려 농민들을 착취하고 있습니다. 기름야자 농장에서 열매를 수확하는 노동자는 하루에 마쳐야 하는 업무량이 정해져 있는데 이걸 타깃target이라 합니다. 타깃을 채우지 못하면 급여가 깎입니다. 그래서 노동자들은 근무 시간을 초과해서 일할 뿐만 아니라 가족까지 동원합니다. 기름야자 농장 노동자의 전언에 따르면 10살도 안 된 아이가 부모의 타깃을 채우고자 학교에 다니는 대신 농장에서 일하는 경우도 있다고 합니다. 이런 상황에 이르도록 하는 기업의 행태는 노동 착취를 넘어 교육 기회를 박탈하는 행위입니다. 또한 농장에서 맹독성 제초제인 패러콧paraquat을 사용하는 것도 문제입니다. 패러콧은 직접 삼키거나 간접적으로 흡수만 해도 폐에 치명적인 손상을 줄 수 있고 파킨슨병, 신경계 손상 등을 일으킬 수 있습니다. 이런 이유로 우리나라에서는 패러콧을 주성분으로 하는 제초제 그라목손 판매를 금지하고 있습니다. 그런데도 인도네시아 기름야자 농장 노동자들은 어떤 안전 교육도 받지 못하고 보호 장치도 없이 위험한 환경에 그대로 노출돼 있으며, 하물며 불안정한 고용과 저임금 등 여러모로 참담한 상황에 놓여 있습니다.

이 모든 건 오늘날 쓰이는 소비재 대부분에 들어가는 기름야자를 생산하느라 벌어지는 일입니다. 환경 파괴, 지역 주민 생계 위협, 노동 착취에 이르기까지 수하르토 정권이나 외국인 투자자들이 인도네시아 환경과 주민들에게 몹쓸 짓을 했다는 건 확연히 보이지만, 사실 우리 소비가 이런 참담한 상황에 어떻게 영향을 끼치는지는 잘 보이지 않습니다. 그러다 보니 소비는 계속 증가하고, 기름야자 플랜테이션●은 더 많이 생겨납니다. 그러면 또 숲이 사라지고 생물 다양성이 훼손되고 노동자들은 고통을 받고……. 이 악순환을 끊으려면 잘 보이지 않더라도 우리 소비와 인도네시아 자연과 그곳에 사는 오랑우탄 같은 생물과 고통받는 노동자가 깊이 연결돼 있다는 걸 자꾸 들여다봐야 합니다. 물건을 사기에 앞서 꼭 필요한 물건인지 적어도 세 번 자신에게 물어보는 건 어떨까요? 반드시 필요한 물건이라면 팜유를 비롯한 기름야자가 들어가지 않은 대체품이 있는지 먼저 알아보고, 있다면 그걸 구매하는 것도 이 악순환을 끊는 한 방법일 테지요.

성(性) 테러와 스마트폰

〈기쁨의 도시City of Joy〉는 콩고 민주 공화국의 내전을 다룬 다큐멘터리입니다. '기쁨의 도시'라는 제목과 달리 내용은 너무나 끔찍하고 슬픕니다. 'City of Joy'는 콩고 민주 공화국에 있는 특별한 단체 이름이기도 합니다. 전국 각지에서 전쟁 성폭력을 당한 여성이 모여서 서로의 고통을 치유하며 슬픔을 극복해 나가는 곳입니다. 판지 병원의 무퀘게 박사는 강간으로 고통을 겪는 여성을 치료하는 산부인과 의사로, 강간이 단순한 범죄가 아닌 전쟁 폭력이며 성性 테러라고 일갈합니다. 무퀘게 박사는 왜 유엔이 콩고 민주 공화국 사태에 침묵하는지 묻습니다.

콩고 민주 공화국은 세계에서 광물 자원이 가장 풍부한

나라입니다. 특히 콜탄은 전 세계의 70~80퍼센트가 콩고 민주 공화국에 매장돼 있습니다. 콜탄은 그저 흔한 돌덩어리였다가 정보 통신 기술이 날로 발전하면서 다이아몬드급으로 격상된 광물입니다. 콜탄은 탄탈럼의 원료이고 탄탈럼은 크기가 작고 가벼우며 온도 안정성이 높아 광범위하게 쓰입니다. 휴대폰, 컴퓨터, 자동차뿐만 아니라 항공기 등의 전자 장치, 발전기 터빈 등에 쓰이며, 내부식성이 탁월해서 화학 공업용 장치와 실험 도구에도 사용됩니다. 생체 적합성도 우수해 수술 도구, 인공 뼈와 치아 임플란트용 나사 등을 만드는 데에도 쓰입니다. 이렇게 쓰임새가 많으니 가격은 비쌀 수밖에 없습니다.

이쯤 되면 콩고 민주 공화국도 산유국 카타르처럼 세금도 내지 않고 국민 모두가 잘사는 나라여야 하지 않을까요? 그런데 실상은 완전 딴판입니다. 최빈국으로 내전이 끊이질 않고 주민들, 특히 여자들은 나이와 상관없이 강간이라는 폭력에 무차별적으로 놓여 있습니다. 왜 그럴까요? 광산이 있는 마을에 민병대가 들어가서 주민들을 죽이고 여자들을 강간합니다. 그러니 주민들은 앞다퉈 그곳을 벗어날 수밖에 없고, 그렇게 점령한 곳에서 민병대가 광물을 차지합니다. 민병대 활동 자금은 다국적 기업이 댑니다. 다국적 기업이 콜탄을 손에 넣는 메커니즘은 이렇게 작동됩니다. 무퀘게 박사가 강간을 성 테러라 부르는 건 바로 이 때문입니다. 광물을 얻으려는 다국적 기업들은 콩고 민주 공화국 내주민들의 안전에는 관심이 없습니다. 아니, 계속 이런 불안정한 상태를 부추깁니다. 이것이 콜탄을 분쟁 광물이라 부르는 까닭이며, 유엔이 콩고 민주 공화국 참상에 침묵하는 이유이기도 합니다.

강의할 때 수강생들에게 단골로 하는 질문이 몇 가지 있습니다. 지금까지 스마트폰을 몇 번 바꿨는지, 몇 년 주기로 바꾸는지, 새로 사지 않고 중고 폰으로 사용해 본 적이 있는지, 새로 폰을 구입하면 쓰던 폰은 어떻게 하는지……. 이런 질문을 하는 까닭은 수강생들이 스마트폰을 소비하는 패턴을 알고자 함이 아닙니다. 질문을 통해 평소 스마트폰 소비 습관을 자각하는 계기를 만들어 보자는 취지입니다. 관성처럼 소비하는 습관에서 살짝 벗어나 스스로의 소비 패턴을 객관화하면 어디에 문제가 있는지 보입니다.

앞서 언급했듯이 지금까지 생산된 스마트폰은 70억 대가 넘고 스마트폰 교체 주기는 2024년 기준으로 우리나라의 경우 평균 2.9년, 전 세계로는 평균 3.7년입니다. 냉장고 교체 주기가 9년, 세탁기와 에어컨이 8년인 것과 비교하면 상당히 짧습니다. 스마트폰을 만드느라 사용된 연간 광물 양을 살펴보면 알루미늄은 15만 7,478톤, 텅스텐은 3,124톤, 금 213톤, 인듐 71톤 등이었습니다. 스마트폰이라는 단 한 종류의 물건을 만드는 데에 이 정도 광물과 에너지가 쓰인다면 지구에 있는 수많은 물건을 만드느라 쓰인 광물과 에너지의 양은 대체 어느 정도나 되는 걸까요? 심지어 이 통계에 콜탄은 빠져 있습니다. 양이 적어서일까요, 거래가 투명하지 않아서일까요? 세계 시민들이 분쟁 광물인 콩고 민주 공화국 콜탄을 불매하겠다고 다국적 기업들을 압박했습니다. 그러자 콜탄이 전혀 매장돼 있지 않은 르완다의 2013년 콜탄 수출이 전 세계 생산량의 28퍼센트를 차지했고 2014년에는 단일 국가로 최대 수출국이 됐습니다. 콜탄 거래가 선명하지 않기 때문에 벌어지는 일입니다. 콜탄은 현재 내전이 끊이지 않는 콩고 민주 공화국에서도 정부군과 대립각을 세우는 반군 민병대 점령지에 다량 매장돼 있습니다. 그 지역 주민들은 콜탄을 캐는 노동에도 강제 동원되다시피 하며 고통받고 있습니다.

    광고에 이끌려서, 약정 기간이 끝나서, 그저 새 제품이 갖고 싶어서……. 아무런 폭력을 행사하지 않았지만 사실 이런 이유로 스마트폰을 소비하는 일이 콩고 민주 공화국에서 벌어지는 폭력에 일조하고 있는 것이라면 어떨까요? 당장 내가 고통받지 않으니 지구 저편에서 벌어지는 수많은 이의 고통에 눈감아도 되는 것일까요? 시스템도 문제입니다. 나날이 기술은 진일보하는데 어째서 스마트폰은 고작 2~3년밖에 사용할 수 없는지 이해하기 어렵습니다. 광물을 캐내는 과정뿐만 아니라 정련을 비롯한 여러 공정을 거치는 과정에서 쓰이는 화학 약품이며, 제품을 여기저기로 유통시키는 과정에서 엄청난 에너지가 계속 쓰일 수밖에 없습니다. 또 한 가지, 이토록 짧게 쓰고 버려지는 폐기물을 지구 어디에 계속 쌓아 둘 수 있을까요?

　이런 점에서 네덜란드 사회적 기업이 만든 페어폰www.fairphone.com이 대안으로 떠오릅니다. 기업 이름이면서 동시에 공정한 폰이라는 중의적 낱말인 페어폰은 분쟁 광물을 사용하지 않고 노동 착취를 하지 않으며 생태계 오염을 최소화한 친환경 스마트폰입니다. 게다가 고장 난 부품은 소비자가 직접 사다 고쳐 쓸 수 있도록 했습니다. 이처럼 소비에 대한 진지한 성찰이 이뤄질 때 콩고 민주 공화국의 고통이 사라질 길도 열릴 것입니다.

　　　　　제주 서귀포 앞바다에서 헤엄치는 돌고래 한 무리를 만났던 기억을 소환해 봅니다. 제돌이가 돌아간 바다라 찾아갔는데 한 시간여를 기다려도 볼 수가 없었습니다. 마음을 접고 막 일어서려는 찰나 멀지 않은 바다에서 무엇인가가 풀쩍 수면 위로 올라왔습니다. 그렇게 쌍안경 너머로 자유롭게 헤엄치는 남방큰돌고래를 생애 처음 만났습니다. 한 마리가 보이기 시작하더니 여기저기서 앞서거니 뒤서거니 여러 마리가 나타났습니다. 어떤 녀석은 물 위로 뛰어올라 공중에서 두어 번 빙빙 돌다가 다이빙을 했습니다. 수족관이 아닌 바다에서 자유를 만끽하는 돌고래 떼를 보는데 알 수 없는 뭉클함을 진하게 느꼈어요.

　2011년 여름, 수족관에 갇힌 돌고래를 고향인 바다로 돌려보내 줘야 한다는 '돌고래 해방 운동'은 한 사람의 자발적인 일인 시위에서 시작됐습니다. 그의 돌고래 해방 운동은 이후 핫핑크돌핀스라는 해양 환경 단체를 설립하는 계기가 됐습니다. 핫핑크돌핀스는 건강한 해양 생태계를 보전하고 돌고래를 비롯해 위기에 처한 해양 생물을 보호하는 활동을 하는 동시에 이런 사실을 시민에게 알리는 캠페인도 지속적으로 펼치고 있습니다. 한국은 잔인한 포획으로 악명 높은 일본 다이지에서 돌고래를 두 번째로 많이 수입하는 나라입니다. 동물 학대를 최소화하자는 법안이 뉴질랜드, 이탈리아, 스위스 등 여러 나라에서 만들어지고 있지만 여전히 이 땅에서는 고래류 20여 마리가 수족관 시설에서 사육되고 있습니다. 그물에 걸린 돌고래는 풀어 줘야 마땅한데 어둠의 경로로 팔려 가 쇼를 위해 고통스런 훈련을 받는 돌고래가 말이에요. 출산 직후에도 제대로 쉬지 못하고 곧장 쇼에 투입되는 돌고래도 있습니다. 야생에서 40년을 사는 돌고래들이 한국의 수족관 시설에서는 고작 4년밖에 살지 못합니다. 굳이 알려고 들지 않으면 알 수 없고 불편한 진실을 외면하는 한 돌고래의 고통은 계속될 겁니다.

　고통은 돌고래에서 그치지 않고 수많은 해양 동물로 이어집니다. 오키나와 듀공은 옛날부터 맛이 좋다는 이유로 왕에게 진상됐고, 이후 귀한 고기 맛을 보려고 무분별하게 포획한 탓에 이제는 거의 찾아보기 힘들어졌습니다. 비슷한 사례로 독도 강치 역시 가죽을 얻으려 무분별하게 남획한 결과 사라져 버렸습니다. 남획뿐만 아니라 바다로 흘러드는 독성 물질이 늘어나고 각종 개발, 군사 기지 건설 등으로 바다 환경이 악화되면서 해양 동물의 서식지는 점점 줄어들고 있습니다. 상황이 이렇다 보니 당연히 자연스런 어업은 점점 어려워지고 우리가 먹을 수산물을 양식하느라 바다는 수조로 바뀌고 있습니다. 해양 생태계가 위태로우면 결국 우리 삶도 위태로워집니다. 뿌린 대로 거둔다는 이치를 우리는 과연 제대로 알고 있는 걸까요?

우리는 참으로 복잡한 시대를 관통하며 살고 있습니다. 과학과 기술 발전으로 삶이 편리해진 건 사실이지만, 그만큼 우리 삶이 무척이나 복잡하게 분절된 것도 사실입니다. 그러니 우리 삶이 여타 다른 생물의 삶에 어떤 영향을 끼치는지 알 수도, 생각할 겨를도 없습니다. 그렇지만 부인할 수 없이 바다와 우리 삶은 서로 긴밀하게 연결돼 있습니다. 해수 온도 상승으로 따뜻한 물방울인 블롭Blob이 증가하면서 해양 생태계 먹이 체계에 문제가 생겼습니다. 몸집이 큰 한류

성 어류의 신진대사가 왕성해지면서 먹이를 섭취하는 양이 늘어났고 그 때문에 바다오리를 비롯해 바다에 의지해 살아가는 다른 생물이 먹이 부족으로 굶어 죽는 일이 벌어지고 있습니다. 2014년 후반부터 2016년까지 캘리포니아에서 알래스카만에 이르는 지역에서 댕기바다오리 개체군의 절반 정도가 폐사되었어요. 이후로도 지속되는 해수 온도 상승으로 군집이 과거 상태로 돌아가진 못한 것으로 과학자들은 추정하고 있어요. 해양은 인간이 활동하며 배출하는 열의 90퍼센트를 흡수하기 때문에 날로 상승하는 해수 온도로 해양 생태계는 전방위적으로 위협을 받을 것입니다.

뱃속이 쓰레기로 가득 찬 채 해안가로 떠밀려 온 고래 이야기는 더 이상 새로운 뉴스가 아닙니다. 새로운 뉴스가 아니기에 무시해도 될 뉴스도 아닙니다. 어쩌다 뭍에 사는 우리가 바다에 사는 생명들의 목줄까지 쥐고 흔들게 됐을까요? 어느 생명이든 귀하지 않은 생명은 없습니다. 그러기에 적어도 우리 삶이 어떤 식으로 주변 생명에게 영향을 끼치는지 정도는 알아야 하지 않을까요? 돌고래 집은 푸른 바다여야 하고 고래 뱃속은 쓰레기장이 돼서는 안 됩니다. 여타 생명과 공존할 수 있는 방법을 모색해야겠습니다. 거창한 슬로건이 필요한 건 아니에요. 내 일상에서 이뤄지는 소비 하나하나가 어떤 파장을 불러올지를 염두에 두고 살아가는 삶, 이게 뭍에서 바다를 생각하는 삶이 아닐까 합니다.

어린 시절 겨울의 기억은 단연 빨간 내복입니다. 불을 끄고 내복을 벗을 때 번쩍거리며 일던 정전기로 우리의 겨울밤은 즐겁기까지 했습니다. 좀 더 커서는 꽃무늬 내복도 있었지만 기억에 가장 강렬하게 남는 건 언제나 빨간 내복입니다. 동물이 겨울을 나고자 촘촘한 털로 털갈이를 하듯 찬바람이 불기 시작하면 어머니는 빨간 내복을 챙겨 주셨습니다. 생각해 보면 그 시절에는 단열이라는 말 자체가 없었던 듯합니다. 문틀과 벽 사이에는 바깥이 훤히 보일 정도로 틈이 있었어요. 그러니 실내는 바닥만 뜨끈했지 웃풍이 휙휙 불었습니다. 겨울을 대비하는 방법이라고는 창문 바깥을 비닐로 막고 커튼을 치고 문풍지를 바르는 게 전부였습니다. 내복을 입고 털실로 짠 스웨터를 껴입고

도 이불을 뒤집어쓴 채 시린 손을 호호 불어야 했습니다. 추
운 계절에 몸을 맞추던 시절이었습니다.

　요즘은 반대로 주변 환경을 우리 몸에 맞춥니다. 추우면
옷을 껴입는 게 아니라 실내 공기를 덥힐 생각부터 합니다.
중앙난방 아파트에 살 때는 집에 사람이 없어도 난방이 돌
아갔습니다. 식구들은 귀가하면 덥고 답답하다며 한겨울에
도 창문을 열어젖히곤 했습니다. 그러니 겨울 내내 내복은
커녕 반팔 차림으로 지냈습니다. 겨울을 겨울답게 지내지
못하는 일이 못내 마음에 걸렸는데 개별난방 아파트로 이
사하고 나서 드디어 내복을 입기 시작했습니다. 겨울철 우
리 집 실내 온도는 20도에 맞춰져 있습니다. 유난히 추위를
많이 타는 저는 처음 집 안 온도를 20도에 맞추기로 결심했
을 때 한편으로 좀 염려스러웠습니다. 찬바람이 불기 시작
하자 가족들 내복을 준비했습니다. 작은아이는 답답해서 이
걸 대체 어떻게 입느냐 투덜거렸고 큰아이는 의외로 "이거
온溫 맵시야" 하며 반가워했습니다. 그러고 나서 '따뜻한 옷
차림으로 난방비와 온실가스를 줄이는 겨울 맵시를 온 맵시
라 부른다'는 설명도 덧붙였습니다. 저는 늦가을부터는 집
에서도 늘 스카프를 둘렀습니다. 목은 몸을 보온하는 관문
이니까요. 집 안이 썰렁해도 20도에 맞춘 보일러가 돌아가

지 않으면 조끼나 스웨터를 껴입고 두툼한 양말을 신었습니다. 적당히 서늘한 공기는 기분을 상쾌하게 했습니다. 이따금 뜨듯한 아랫목이 그리우면 뜨거운 물을 담은 물주머니 핫 팩을 준비합니다. 집 전체를 덥히지 않아도 충분히 따뜻하니까요.

기왕에 기술이 발전한 시대에 살면서 너무 유난을 떠는 것이 아니냐는 힐난을 가족에게서 들을 때면 솔직히 갈등상태에 놓이기도 합니다. 이런 갈등이 한창 일던 어느 날 저는 다큐멘터리 한 편을 보고 흔들리던 마음을 다잡았습니다. 〈산호초를 따라서Chasing Coral〉는 어쩌면 평생 구경하지 못할 수도 있던 산호초 세상으로 저를 안내했습니다. 호주 동북쪽으로 길게 자리 잡은 대보초Great Barrier Reef는 별세계였습니다. 산호초가 아름다운 건 그곳에 다양한 조류algae가 살기 때문입니다. 산호초는 조류가 산호와 공생하면서 형성된 아름다운 생태계입니다. 그런데 아름다운 산호초가 허옇게 탈색된 채 물고기 한 마리 얼씬하지 않는 폐허로 바뀌고 있습니다. 마치 컬러 사진이 흑백 사진으로 바뀐 것만 같았어요. 조류가 산호에서 빠져나가 알록달록하던 산호초가 허옇게 변하는 걸 백화 현상이라 합니다. 조류가 산호에서 빠져나간 이유는 몇 가지가 있는데요. 산호초는 주로 연안에 위치하다 보니 육지에서 내보낸 오염 물질에 매우 취약합니다. 그러나 백화 현상은 자연 상태에서도 발생하며, 가장 큰 원인은 해수 온도 상승입니다. 엘니뇨로 기온이 상승하면 해수 온도도 올라가 산호에 살던 조류가 빠져나가 산호초가 허예집니다. 그러다 다시 해수 온도가 내려가면 조류가 하나둘 늘어나면서 산호초는 본래 모습으로 돌아옵니다. 자연에서는 이런 상황이 반복되고요. 그런데 백화 현상 발생 주기가 너무 빨라진 정도를 넘어 전례 없는 일이 관측되었어요. 미국 산호초 감시 기구CRW에 따르면 2023년 1월 이후 적어도 82개국에서 산호초 백화 현상이 관측되었어요. 2025년 5월 세계 산호초 모니터링 네트워크GCRMN가 전 세계에서 수집한 최신 보고서에 따르면 전체 산호초의 84퍼센트가 백화 현상의 영향을 받았다고 발표해요. 산호초는 전 세계 해양 생물 가운데 4분의 1의 고향일 정도로 생물 다양성이 풍부합니다. 대부분 어린 물고기에게 산호초는 고향인 셈입니다. 물고기뿐만 아니라 전 세계 5억 명 이상 사람들이 산호초에 의존해 살아갑니다. 아름다운 외양만큼이나 산호초는 바다 생태계에서 무척 중요한 곳입니다.

2025년 호주 정부 산하 해양과학연구소는 2024년도 산호초 상태 연례 보고서를 공개했습니다. 이 연구소는 1985년부터 대보초의 산호 상태를 장기 모니터하고 있어요. 연구소 조사 결과, 2024년 호주 인근 바다의 평균 수온이 관측 이래 최고로 오르면서 백화 현상도 매우 심각해졌습니다. 이런 상태를 두고 연구자들은 산호가 과거의 모습을 되찾지 못할 수도 있다며 크게 우려하고 있어요.

1초에 원자 폭탄 5개가 터지는 것과 비슷한 에너지를 우리가 날마다 배출하고 있습니다. 이렇게 내보낸 열의 90퍼센트를 바다가 흡수합니다. 온도를 색으로 표현한 그래픽이 다큐멘터리 화면에 나타났습니다. 붉은색일수록 온도가 높은데 전 세계 바다가 시뻘겠습니다. 기후 변화를 늦추거나 막으려고 탄소 배출을 줄이자는 말을 많이 합니다. 한겨울에 반팔을 입고서 그런 말을 합니다. 한여름에 한기가 느껴질 정도로 온도가 낮은 건물 안에서, 지하철 안에서 그런 말을 합니다. 탄소 배출은 말로 줄일 수 없습니다. 배출되는 탄소는 우리 삶 아주 깊숙이 그리고 아주 속속들이 연결돼 있기 때문입니다. 내복만 입어도 산호초를 살리는 일에 보탬이 됩니다. 저 먼 바닷속 산호와 내 삶을 연결 짓는다는 건 대단한 모험처럼 느껴졌는데 알고 보니 이미 너무나 가까이 연결돼 있네요.

　　알프스 하면 몽블랑 혹은 몬테 비앙코라 불리는 최고봉의 이미지가 먼저 떠오릅니다. 블랑Blanc이나 비앙코Bianco는 모두 희다는 뜻입니다. 준봉이 만년설을 이고 있어 이런 이름이 붙었습니다. 봉우리를 덮은 흰 눈과 스키어들의 활강이 연상되기도 합니다. 그런데 이제 알프스의 이런 이미지가 박제화될 날도 머지않은 것 같습니다. 이글루가 연상되는 알래스카에서 30도가 넘는 폭염으로 사람들이 해수욕을 즐기는 장면이 외신을 타고 전해졌습니다. 2019년 여름에 그린란드에서 썰매 끄는 개들이 빙판이 아닌 물 위를 달리는 사진이 보도되기도 했습니다. 2019년 동안 그린란드에서 5,000억 톤이 넘는 빙하가 녹거나 떨어져 나간 걸로 과학자들은 추정합니다. 1984년과 2019년에 북극을 촬영한 위성 사진을 비교해 보니 30여 년 사이에 북극 빙하가 절반 이상 사라졌어요. 몇 년 내로 북극 빙하가 하나도 남지 않고 사라지는 여름을 맞이할지도 모른다는 뉴스에 어떤 기업인이 물류비용을 줄일 수 있는 절호의 기회라며 반색하던 일이 생각납니다. 눈앞의 이익만 생각하면 물류비용이 줄어드는 일은 절호의 기회일 수 있어요. 그런데 어쩌면 물류비용으로 얻은 이익의 몇 배를 거대 태풍으로 다 잃어버릴 수도 있습니다. 빙하 유무와 우리 기후는 아주 밀접한 관련이 있으니까요.

2019년 9월 스위스 북동부 알프스산맥에 솟은 여러 산 가운데 하나인 피졸산 정상 자락에 어린이를 포함한 지역 주민, 빙하학자, 종교인, 환경 운동가 등 250여 명이 모여서 피졸 빙하 장례식을 치렀습니다. 장례식장에 영정 사진은 없었습니다. 장례식 참석자들은 돌무더기 위에 꽃을 놓았습니다. 사인은 지구 온난화. 피졸 빙하는 2006년 이후 13년 시간이 흐르는 동안 전체 얼음의 80~90퍼센트가 녹아 사라져 2019년 기준으로 남은 면적은 축구장 4개에도 미치지 못했습니다. 그러니 장례식이 사실상 사망 선고인 셈입니다.

생물도 아닌 빙하에 장례식이라니 의아하게 여겨질 수도

있습니다. 이 빙하 장례식을 이해하려면 먼저 빙하란 무엇인지부터 알아야 합니다. 빙하란 무엇일까요? 얼음덩어리를 떠올리기 쉽지만 단순한 얼음덩어리 그 이상입니다. 빙하와 해류는 지구 기후를 좌우하는 중요한 요인입니다. 육상 빙하는 강의 시원이자 주변 지역의 상수원입니다. 빙하가 급속히 사라진다면 강은 메말라 갈 것이고, 그 일대는 물 부족을 겪을 수밖에 없습니다. 히말라야 빙하는 대표적인 육상 빙하입니다. 학술지 〈사이언스 어드밴시스Science Advances〉에 발표된 논문에 따르면 2000년 이후 히말라야 산맥의 평균 얼음 손실률이 그 이전에 비해 대략 두 배나 됩니다. 1975~2000년까지 연평균 22센티미터 줄어들던 얼음이 2000~2016년 사이에 43센티미터나 줄어든 것으로 조사됐거든요. 히말라야 빙하 주위로는 중국, 인도, 파키스탄 등 남아시아에서 인구 밀도가 높은 나라들이 포진해 있어요. 영국 일간지 〈가디언Guardian〉에 따르면 빙하 손실로 적어도 10억 명 이상의 사람들이 물 공급에 영향을 받을 것이라고 합니다. 북극권에 있는 해상 빙하는 지구로 쏟아져 들어오는 태양 빛을 반사하는 역할을 합니다. 그런 빙하가 절반으로 줄어들면서 드러나는 바다는 열을 흡수합니다. 반사 부분은 자꾸 줄어들고 열을 흡수하는 면적은 점점 늘어납니다. 그러니 빙하가 녹는 속도는 더 빨라지고 되먹임 현상

positive feedback도 가속화되면서 북극 빙하의 나머지 절반은 앞서 절반이 녹는 데에 걸린 30년과는 비교할 수 없이 빨리 녹을 것으로 기후학자들은 내다보고 있습니다. 피졸 빙하를 비롯해 알프스 빙하 소실은 생각보다 심각합니다. 제2차 산업 혁명이 시작되던 1850년 이후로 스위스에서만 500개가 넘는 빙하가 완전히 사라졌습니다. 사라진 빙하 중에는 큰 규모에 이름까지 붙었던 빙하도 50개 포함됐습니다. 그동안 빙하 주변 지역 사람들은 톱니바퀴가 맞물리듯 그 환경에 맞춰 삶을 일궈 왔습니다. 그렇기에 빙하가 사라진다는 건 곧 적응해 온 삶의 근간이 흔들린다는 뜻입니다.

녹아 사라지고 있는 건 땅속 얼음도 마찬가지입니다. 영구 동토층이 빠르게 녹으면서 나오는 메탄가스 때문에 지구 온난화가 가속화될 거라 과학자들은 경고합니다. 영구 동토란 지표 밑의 온도가 2년 이상 연이어 섭씨 0도 이하인 토양을 일컫습니다. 북반구 지표면의 약 24퍼센트가 영구 동토층입니다. 특히 시베리아 북부의 영구 동토층에는 마지막 빙하기에 묻힌 수많은 동식물이 갇혀 있습니다. 이런 동토층이 녹으면서 묻혀 있던 동식물의 사체가 썩어 메탄이 방출되고 있고요. 지금으로서는 얼마나 많은 메탄이 방출됐는지도, 앞으로 얼마나 많은 메탄이 방출될지도 모릅니다. 메탄은 이산화탄소보다 적어도 20배 이상 온실 효과가 높은 기체입니다. 한 과학자는 영구 동토층이 녹는 걸 두고 냉동고 문이 열렸다고 표현했습니다. 냉동고 문이 열리면 그 안에 들어 있는 내용물이 녹는 건 시간문제겠지요? 과학자들은 영구 동토층에 갇혀 있던 바이러스들이 녹아 나오면서 새로운 감염병이 다시 창궐할 수도 있다고 경고합니다. 알래스카에서는 영구 동토층이 녹으면서 생긴 싱크홀 때문에 주택이 기울어지는 일도 벌어지고 있습니다. 2020년 6월 동토층 해빙으로 지반이 붕괴되면서 시베리아 노릴스크의 열병합발전소 기름 탱크에서 2만 톤이 넘는 경유가 쏟아져 나왔고, 이 가운데 1만 톤이 넘는 경유가 강으로 유출되는 사고가 벌어졌습니다. 러시아 최악의 환경 재앙이라는 수식어가 붙을 정도의 사고였어요. 영구 동토층 해빙은 그 위에 건설된 도시 인프라 전체에 위협이 되고 있습니다.

빙하 장례식이 인류 장례식의 서곡이 돼서는 안 됩니다. 정부와 기업이 과감히 탈탄소 정책을 펼 수 있도록 시민들이 나서서 요구해야 합니다. 우리의 일상도 과감한 혁신이 필요합니다. 그러려면 생활 속에서 탄소 중독 소비에서 벗어나는 일부터 실천해야 하지 않을까요?

부탄은 히말라야산맥에 위치한 작은 나라로, 2010년 영국 신경제재단NEF이 발표한 국가별 행복 지수 조사에서 1위를 차지하며 널리 알려졌습니다. 경제 지표와 관련 없이 행복하게 사는 나라라는 이미지 때문인지 부탄에 가고 싶다는 사람들을 종종 만납니다. 그런데 부탄을 여행하려면 돈이 많이 듭니다. 여행 경비에 더해 하루 65달러를 관광세로 내야 하기 때문입니다. 부탄 정부가 관광세를 걷는 데에는 이유가 있습니다. 무상 교육과 의료 같은 복지 재원을 마련하려는 목적도 있지만, 그 이전에 여행객 수를 조절해 자연과 문화 파괴를 막기 위해서입니다. 관광객이 몰리는 시기에는 일시적으로 입국 인원을 조절하기도 합니다. 과도한 관광객들이 몰고 올 부작용을 사전에 차단하려는 지혜입니다.

2016년 9월, 이탈리아 베네치아 시민들이 베네치아항으로 들어오는 대형 크루즈를 막아선 채 들고 있던 피켓에 쓰인 문구입니다. 관광으로 먹고산다고 해도 지나치지 않을 도시 베네치아에서 시민들이 이런 피켓을 든 이유는 무엇일까요? 베네치아에 사는 인구는 4만 9,000명 정도지만 베네치아를 찾는 관광객은 연간 2천만 명이 넘어요. 이렇게 많은 관광객이 오가다 보니 쓰레기는 넘쳐 나고, 소음은 말할 것도 없습니다. 우리에게 익숙한 젠트리피케이션이 이곳에서도 벌어집니다. 치솟는 임대료 때문에 주민들이 애용하던 야채 가게는 관광 상품을 파는 가게로 바뀝니다. 그러니 시민들도 더는 버틸 재간이 없었던 듯합니다. 2024년, 베네치아는 대책으로 도시를 방문하는 사람에게 하루 5유로의 입장료를 부과하기 시작했어요. 일본의 경우 후지산이 보이는 인기 촬영지인 야마나시현 후지카와구치고 마을의 대형 편의점 앞에는 검은 가림막이 설치되었어요. 인증 숏을 찍으려고 몰려든 관광객이 도로를 점령하고 쓰레기를 투기하며 지역 주민들이 고통을 호소했기 때문이지요.

관광지가 있는 곳이라면 세계 어느 도시를 막론하고 벌어지는 현상입니다. 서울 북촌 한옥 마을 주민들 역시 넘쳐 나는 관광객들로 고통을 겪기는 마찬가지입니다. 제발 오지 말라는 문구를 붙여 놓은 대문이 어렵잖게 눈에 띕니다. 온종일 관광객들이 내는 소음과 쓰레기, 그리고 집 안을 들여다보는 정도를 넘어 마당까지 들어와 구경하는 관광객들로 주민들은 몸살을 앓습니다. 동네에 있던 음식점도 하나둘 카페로 바뀌면서 주민들이 누릴 수 있는 공간이 계속 사라지자, 동네를 떠나는 주민들도 늘고 있습니다. 이에 종로구는 북촌 한옥 마을 출입 시간을 오전 10시부터 오후 5시까지로 제한하기에 이르렀어요. 이를 어길 경우에는 과태료 10만 원을 물어야 합니다. 비교적 인구가 적은 제주시와 강원도는 인구에 비해 지나치게 폐기물이 많이 발생하는데 관광객 사이에 함수 관계는 없는 걸까요?

한국관광공사가 발표한 한국 관광 통계에 따르면 2024년에 우리나라를 찾은 방문객 수는 1,640만 명에 가깝습니다. 관광업계에는 기분 좋은 소식일 수도 있겠습니다. 많은 사람이 온다는 건 경제적 이득도 함께 오는 것일 테니까요. 그런데 관광지에 사는 주민들의 기분도 좋을까요? 베네치아 주민이나 북촌 한옥 마을 주민의 반응을 보면 결코 아닙니다. 이렇게 많은 사람이 여행을 다니는 배경에 저비용 항공사의 성장이 있습니다. 국내 여행보다 저렴한 외국 여행 상품이 나올 수 있었던 것도 저비용 항공사에 힘입은 바가 큽니다. 2019년 기준 우리나라 저비용 항공사 수는 세계 최대 보유국인 미국과 함께 9개가 됐습니다. 하늘길만 복잡해진 게 아닙니다. 크루즈 입항 시장이 활성화되면서 관광객 수도 증가했습니다. 부산항은 크루즈 입항으로 가장 붐비는 항구가 됐습니다.

크루즈 관광은 환경 친화적인 여행인 양 알려져 있지만 크루즈에 쓰이는 연료는 중유입니다. 육지에서는 유해 쓰레기로 처리되는 연료인 중유는 육지에서 주로 쓰이는 연료인 디젤보다 수천 배 많은 유황을 함유하며 지구 온난화에 막대한 영향을 끼칩니다. 크루즈 한 척이 하루에 대략 중유 150톤을 소비하는데 이는 자동차 수백만 대와 맞먹는 대기 오염 물질을 배출하는 셈입니다. 국제 환경 단체인 그린피스 자료에 따르면 선박 배기가스 때문에 유럽에서 일 년에 5만 명이 조기 사망하는 걸로 나왔습니다. 독일 자연보호협회NABU는 크루즈 연료를 깨끗한 해양 디젤로 전환하고 오염 물질을 거를 미세 필터를 장착하라고 요구하고 있습니다. 크루즈는 먼바다를 항해할 때만이 아니라 항구에 정박하고 사람들이 하선하는 동안에도 대기하면서 에너지의 40퍼센트를 소비합니다.

우리는 익숙한 환경을 벗어나 새로운 곳을 여행하면서 다양한 문화를 경험하고 즐기며 위안을 얻기도 합니다. 그러나 여행에도 명암이 있을 수밖에 없습니다. 비행기든 크루즈든 운항하는 동안에는 에너지를 소비하고 오염 물질과 온실가스를 배출할 수밖에 없습니다. 이미 이동하는 순간부터 환경에 반하는 일은 시작되고, 관광지 주민들은 소음과 쓰레기 등으로 몸살을 앓습니다. 부탄이나 베네치아의 관광세는 이렇게 충돌하는 가치의 균형을 적절히 맞추려는 노력으로 보입니다. 여행지의 문화와 환경 파괴 문제를 해결하려면 부탄처럼 해당 나라 정부나 지방 자치 단체도 대안을 모색해야겠지만 여행자 또한 현지 상황을 배려하며 여행할 방법을 고민해야 하지 않을까요?

지구의 쓰레기통이 된 아크라

　　과거 식민지 시절 서아프리카 가나는 황금 해안으로 유명했어요. 기니만에 위치한 가나를 비롯한 이웃 나라들은 아프리카와 유럽으로 배가 오가기 적당한 지리적 위치입니다. 이제 더 이상 황금을 실어 나르는 해안이 아니라 이곳으로 전 세계 중고 의류와 중고 전자제품들이 쏟아져 들어오고 있어요. 가나 인구가 3천만인데 그 숫자의 절반인 1,500만 벌의 옷이 매주 가나의 칸타만토 시장으로 들어옵니다. 1970년대에 가나의 수도 아크라에 생긴 칸타만토 시장은 전 세계에서 가장 큰 중고 옷 시장 가운데 하나입니다. 잘사는 나라 소비자들이 입다가 버린(입지도 않은 채 버려지기도 하는) 옷들이 가득하지요. 이 옷들은 가나에서 판매됩니다.

중고 의류가 가나의 경제에 중요한 역할을 해 오고 있는
건 사실입니다. '죽은 백인의 옷'으로 알려진 중고 의류가 한
때는 가나에서 매우 인기가 높았다고 해요. 들여온 중고 의
류 가운데 쓸 만한 옷을 찾아내 되팔았으니까요. 세탁과 수
선 등의 과정을 거쳐 업사이클한 옷으로 재판매하기도 합니
다. 그런데 최근에 들어오는 옷들은 질이 매우 떨어진다고
해요. 2000년 이후 패스트 패션 산업이 성장하면서 한 번 입
고 버려지는 옷이 어마어마하게 늘어난 데다, 합성 섬유인
폴리에스터 옷이 20년 사이에 두 배 이상 늘어나면서 질이
떨어졌어요. 가나에서도 입기 힘든 옷들은 어떻게 될까요?
버린 곳에서 되가져간다면 문제가 안 되겠지만 그건 불가능
에 가깝습니다. 참고로 우리나라는 전 세계 중고 의류 수출
국 5위입니다. 유럽연합은 의류 관련 업체에 처리 비용을 부
담시키는 법안을 통과시켰어요. 의류 쓰레기를 줄이는 첫
번째 행동은 생산 단계에서의 속도 조절이니까요. 그러나
세계은행은 2030년까지 의류 판매량이 65퍼센트 증가할 것
으로 예상합니다.

칸타만토 시장에서 팔리지 않은 옷들이 가나 곳곳에 쌓
입니다. 아크라의 가장 큰 임시 거주지인 올드 파다마에는
8만 명이 넘는 사람들이 살아가고 있는데 이곳에 거대한 쓰

레기장도 있어요. 쓰레기장이란 표현보다 산으로 표현하는 게 더 적당할 것도 같아요. 옷들이 산을 이루며 쌓여 있으니까요. 악취는 또 어떨까요? 의류 쓰레기로 가득한 강도 있어요. 오다우 강둑에 산더미처럼 쌓여 있다가 갯벌로, 바다로 흘러들어 갑니다. 쓰레기가 바다로 유입되면 해양 생태계에 악영향을 끼치겠지요. 계속 쌓이는 쓰레기양을 줄이려 소각하는 과정에서 대기와 토양 오염이 발생합니다. 패스트 패션 산업이 성장하기 시작하면서 많은 옷감이 합성 섬유 그러니까 플라스틱으로 만들어졌어요. 플라스틱은 시간이 지나면 미세 플라스틱으로 거듭나 다시 사람에게로 되돌아올 겁니다. 싼 가격에 만든 옷이니 한 번 입고 버려도 아깝지 않다고 생각할 수도 있겠지요. 그러나 그 이면에 치러야 할 대가는 너무 큽니다. 중고 의류가 흘러들어 어마어마한 중고 시장이 형성되니 가나의 섬유 산업이나 의류 디자인 산업은 성장할 수가 없어요. 이건 아프리카 대부분 나라가 겪는 공통의 문제이기도 합니다. 잘사는 나라에서는 도와주겠다는 좋은 뜻으로 원조를 시작했던 중고 의류가 결국 1975년부터 2000년 사이에 가나의 섬유와 의류 산업의 일자리를 감소시킨 사례가 앤드류 브룩스가 쓴 《의류 빈곤Clothing Poverty》에 나옵니다.

가나는 전 세계 전자 쓰레기의 블랙홀이기도 해요. 아크라에 있는 아그보그블로시 전자 폐기물 처리장은 세계에서 가장 거대한 규모이면서 가장 오염된 장소 가운데 하나입니다. 컴퓨터, 냉장고, 스마트폰 등 온갖 전자 쓰레기가 모인 이곳에서 주민들은 전자 폐기물 속 부품을 팔아 생계를 잇습니다. 구리 등 금속을 추출하느라 전자제품을 태우는 과정에서 여러 독성 물질이 배출되는데요. 실제 환경 단체의 조사 결과 아그보그블로시 주변에서 풀어 키우는 닭이 낳은 달걀에서 다이옥신dioxine이 검출되었어요. 토양이 오염되었다는 증거입니다. 지구에는 매립할 수 있는 공간이 얼마나 남아 있을까요? 기술 발전 속도는 빨라지는데 제품 수명 속도는 짧아지고 있어요. 그에 비해 제품을 수리하거나 재활용할 방법에 관한 연구도, 인프라도 너무나 부족합니다. 최근 AI 산업이 발전하면서 전자 폐기물의 양이 크게 증가하고 있어요. 유엔 국제전기통신연합ITU이 발표한 보고서에 따르면, 2022년 전 세계 전자 폐기물 발생량은 40톤 트럭 155만 대를 채울 분량이라고 합니다. 양도 양이지만 이 폐기물은 오래도록 지구에서 사라지지 않고 남을 거라고 해요. 오죽하면 전자 폐기물을 가리키는 기술화석Technofossil이라는 말까지 등장했을까요?

증가하는 쓰레기는 과잉으로 생산하고 소비하는 문제와 맞닿아 있습니다. 저개발 나라의 노동 착취 문제와 아동 노동의 문제와도 연결됩니다. 그렇게 만들어진 제품이 잘사는 나라의 소비자 손을 잠시 거쳐 다시 저개발 국가로 오는 이 문제를 우리는 어떤 방법으로 풀어 가야 할까요?

유럽의회는 2024년 4월 제품을 보다 환경 친화적으로 생산하고 유해 물질 사용을 제한하기 위해 '지속 가능한 제품을 위한 에코디자인 규정Ecodesign for Sustainable Products Regulation, ESPR'을 채택했어요. ESPR 내용 중에는 디지털 제품 여권Digital Product Passport, DPP이 있어요. 여기엔 제품의 생산부터 폐기까지 전 과정에 대한 구체적인 정보가 담겨 있어요. 제품의 재활용, 수리 가능성 및 방법, 재활용 원료의 비중, 탄소 발자국 등을 소비자에게 제공해서 소비자의 윤리적인 선택을 받도록 하겠다는 의미로 읽힙니다.

멸종은 누가 만드는 걸까?

　날씨가 만만치 않을 거라는 뉴스를 들으며 초여름을 맞았습니다. 폭등한 대파 가격이 총선의 주요 변수가 될 정도로 기후 문제는 이미 식탁 위까지 점령해 버렸습니다. 해마다 강도가 더 센 기상 뉴스를 접하게 될 거라는 걸 이제는 누구나 알아요. 어른, 아이 할 것 없이 여섯 번째 멸종을 이야기하고 있고요. 한때 지구의 구성원이었던 여행비둘기나 검치호가 사라진 그 멸종이 아닙니다. 적어도 생물의 70퍼센트 이상이 사라지는 대멸종입니다. 무시무시한 말이 아닐 수 없습니다. 그러나 여섯 번째 멸종을 말하는 사람들의 행동을 보면 우리 인간은 그 멸종을 빗겨 나 있는 게 확실합니다. 어떤 두려움도 없이 커져만 가는 욕망을 좇으며 살고 있으니 말이지요.

멕시코 유카탄반도에는 직경 180킬로미터, 깊이 20킬로미터 이상 되는 칙슬루브 충돌구가 있습니다. 6,600만 년 전 이곳에 소행성이 충돌한 흔적입니다. 이 충돌로 이산화탄소, 황 등이 분출되면서 대기를 뒤덮었어요. 빛이 차단되니 식물은 광합성을 할 수 없었고 극심한 겨울이 찾아왔지요. 식물이 사라지니 초식동물이 사라지고 이어 육식동물도 사라졌어요. 덩치가 가장 컸던 공룡을 시작으로 수많은 동물이 절멸의 길로 걸어 들어갔어요. 소행성 충돌 에너지는 히로시마에 투하된 '리틀 보이'의 100억 배에 달했다고 합니다. 힘은 속도에 비례하기 때문입니다. 결국 이 충돌이 원인이 되어 지구 생물의 75퍼센트가 사라지며 백악기 제3기 대멸종이 지구 역사에 '다섯 번째' 대멸종으로 기록되었습니다. 놀라운 건 대멸종에도 살아남은 생물이 25퍼센트나 된다는 사실이에요. 대체 어떤 생물들이 이토록 운이 좋았던 걸까요? 그들은 어떻게 살아남을 수 있었을까요?

대구광역시를 가로지르며 흐르는 금호강 변에는 3개의 큰 습지가 있습니다. 이 가운데 팔현습지에는 오랜 세월 동안 흐르는 강물에 침식되며 만들어진 해식애가 있어요. 오랜 세월은 공룡이 살던 시대까지 거슬러 올라갑니다. 6,600만 년 전 소행성 충돌로 어마어마한 혼란이 벌어지던 당시 몸집이 작은 생물들은 바로 이 해식애로 피난을 와서 목숨을 부지할 수 있었어요. 해식애가 숨은 서식처 역할을 톡톡히 해냈던 덕분이지요. 기막히게 운 좋았던 25퍼센트 가운데 대멸종의 광풍도 피할 수 있었던 동식물들은 이후로 지구의 종 다양성을 풍부하게 하는 새로운 시작점이 될 수 있었습니다.

팔현습지에는 왕버들 군락이 있는데요. 왕버들 나뭇가지에 연둣빛이 점점이 물들면 팔현습지에 봄이 시작됩니다. 물가를 좋아하는 버드나무의 우듬지는 새들의 집이 되고 물과 맞닿은 뿌리둘레는 물고기의 집이 됩니다. 참매, 수리부엉이, 검독수리, 삵, 담비, 수달, 얼룩새코미꾸리까지 무려 14종에 이르는 법정 보호종을 포함해 다양한 생물들이 팔현습지를 베이스캠프 삼아 우리와 따로 또 같이 동시대를 살아가고 있어요. 팔현습지의 생물 다양성이 유난히 높은 까닭은 금호강 물길이 달구벌을 흐르다 잠시 쉬면서 한숨을 돌리는 곳이기 때문이에요. 그런데 이토록 다양한 생명의 보금자리인 팔현습지가 위기에 처해 있습니다.

금호강 르네상스 선도 사업의 일환으로 국가생태탐방로 조성 사업이 시작되었고, 금호강과 3개 습지를 연계하는 생태탐방로가 2025년 완공되었습니다. 시민들의 휴식 공간이자 대구의 대표 관광 명소로 만들겠다는 게 대구시의 입장인데요. 생태탐방로는 '생태 및 문화 자원을 효율적으로 탐방할 수 있도록 지원하는 도보 중심의 길'을 뜻하며 2009년부터 전국적으로 조성되고 있는 국가사업입니다. 자동차를 타지 않고 걸으니 좋고 우리 땅의 역사와 문화를 생태적인 관점으로 살펴보는 것도 좋은 일임에 분명합니다. 다만 그곳에 사는 생명들에게 길을 내도 좋을지 의견을 물은 적이 있는지 그게 궁금할 따름이에요. 왜 야생 동식물들의 서식지가 시민들의 휴식 공간이어야 할까요? 대멸종도 피할 수 있었던 숨은 서식처에 탐방로를 만드는 건 그곳을 서식처로 삼는 야생 동식물에겐 너무나 폭력적인 일인 것 같아요.

멀쩡히 살아가던 생물들을 몰아낸 자리에 만들어진 인공물이 과연 '생태'일 수 있을까요? 그들의 서식지를 교란시키고 그곳에서 살던 생물들이 다 떠나 버린 뒤 우리는 도대체 어떤 생태를 보고 싶은 걸까요? 아니, 그곳에 살 권리가 누구에게 있는지 생각해 본 적은 있던가요? 타자의 삶터까지 멋대로 망가뜨리며 얻은 대가가 기후 시스템의 붕괴라는 걸 아직도 깨닫지 못했다면 여섯 번째 대멸종의 제일 앞줄은 아둔한 인간들 차지가 될 수밖에 없습니다.

안정적인 지질 시대를 뒤로하고 현 인류는 거대한 가속으로 성장의 한계치를 이미 넘어섰습니다. 브레이크 작동법을 잊었는지, 아예 브레이크를 망가뜨렸는지 욕망의 전차는 쉼 없이 달리기만 합니다. 종착역이 여섯 번째 대멸종이라는 사실이 점점 분명해지는데도 말이에요. 진정 걷고 싶다면 자동차를 타고 다니던 길을 걷는 길로 바꿔야 하지 않을까요? 대표 관광 명소가 되어 사람들이 몰려들면 그곳은 더 이상 생태적일 수 없다는 걸 더 늦기 전에 깨달아야 하지 않을까요? 여섯 번째 멸종은 숙명이 아닙니다.

　　뜻하지 않은 발견이어서 더 반가운 게 있어요. 강의를 하러 양평의 한 고등학교에 갔다가 양평에 사는 선배를 만났어요. 선배는 모처럼 양평에 왔으니 구경을 시켜 주겠다며 제게 어디를 가고 싶냐고 물었어요. 양평까지 와서 은행나무 할머니를 안 뵙고 가면 서운하지요. 저희는 용문사로 향했습니다. 한참 만에 알현하는 은행나무 할머니는 워낙에 웅장해서 쳐다보는 일도 쉽지 않았어요. 높이가 60미터가 넘는 은행나무 할머니는 아시아에서도 가장 큰 나무로 알려져 있어요. 수령을 1,100살 정도로 추정하는데 우리나라에서 나이가 가장 많은 나무이지요.

　은행나무는 고생대부터 살기 시작해서 현재까지 살아남아 있는 가장 오래된 식물 가운데 하나입니다. 같이 살던 많은 식물은 빙하기에 사라졌고 화석으로 발견되어 화석식물이라고 부르기도 합니다. 그렇다면 은행나무는 이토록 오랜 시간 동안 어떻게 살아남았을까요? 빙하기에 비교적 따뜻했던 중국에 있었기에 살아남았다고 해요. 그렇다고 따뜻한 곳에만 사느냐면 그건 아니에요. 압록강 변의 강계에도 큰 은행나무가 있어요. 한겨울 영하 38도까지 내려가는 중국 심양에서도 잘 살아 내한성이 강한 나무니 빙하기에도 잘 버텨 낸 게 아닌가 싶습니다. 그리고 은행나무는 세계적으로 오직 한 종뿐입니다. 온 세상에 친척도 없이 혼자라니 외롭지 않을까요?

은행나무 할머니를 뵙고 나서 용문사를 둘러보았어요. 사찰은 곳곳에 아름다움이 깃들어 있었는데 어느 전각의 문고리를 오방색실로 감싸 놓은 게 특히나 아름다웠습니다. 작은 문고리 하나에도 아름다움을 얹어 놓는 멋이 우리에겐 있습니다. 찍은 사진을 보다가 문고리 옆 문살 속에 갈색 여치 한 마리가 앉아 있는 걸 발견했어요. 예쁜 문고리에만 눈길이 머물렀는데 이런 생각지도 못한 발견이라니. 수전 손택은 사진의 고속 촬영이 과학에만 기여한 게 아니라 거대한 인식론적인 진보도 가능케 했다고 했습니다. 사진은 시간을 정지시키고 공간을 확대하는 것만큼 가치 있다고 했는데 시간을 정지시키고 새로운 발견의 기쁨을 가져다주기도 합니다.

용문사 구경을 마치고 선배가 아름다운 공간을 소개해 주고 싶다며 데려간 곳은 구둔역이었어요. 구둔역은 1940년부터 중앙선의 간이역으로 운영되다가 1996년 1월 1일부터 역무원이 없는 무배치 간이역으로 강등되었습니다. 이후 청량리와 원주 간 복선 전철 사업으로 2012년에 일신역이 근처에 생기면서 그곳에 모든 임무를 넘기고 폐쇄되었어요. 역사 뒤편에 서 있는 한 그루 향나무는 구둔역을 오갔을 많은 추억을 간직한 채 폐역을 지키고 있더군요. 근대 문화의 소박한 유산이 폐역으로 남아 있는 모습을 보자니 마치 퇴역한 군인을 보는 느낌이었어요.

우리나라 철도 역사는 1899년 인천의 제물포와 서울의 노량진을 잇는 경인선을 개통하며 시작합니다. 우마차, 인력거 그리고 배가 운송 수단의 전부이던 시절 철도 개통은 굉장한 사건이 아닐 수 없었습니다. 그런데 이 굉장한 사건은 거센 수탈의 서막을 알리는 신호탄이었어요. 철도는 당시 일본이 식민 지배 체제를 더욱 공고히 하면서 사람과 자원을 수탈하고 대륙으로 진출하는 통로를 확보하기 위해 건설한 것이었으니까요. 함경선은 지하자원과 산림 자원을, 경전선은 쌀과 면화를, 동해선은 석탄과 목재, 광물 그리고 해산물을 반출할 목적으로 건설되었습니다. 아프리카나 남아메리카, 동남아시아의 철도가 놓인 배경 역시 식민 지배와 관련이 깊습니다. 폐역이 돼 버린 간이역을 보고 있자니 이런저런 생각이 들어 더욱 쓸쓸했어요.

이장훈 감독의 영화 〈기적〉은 낙동강 상류 오지 마을인 경북 봉화군 소천면 분천2리 사람들의 실화를 바탕으로 하고 있습니다. 1955년 마을을 관통하는 기찻길은 놓였지만 역이 없어 마을 사람들은 철로를 따라 근처 승부역까지 3.7킬로미터를 걸어가야만 기차를 탈 수 있었어요. 기차 터널을 걸어서 지나야 하는데 마침 기차가 지나가게 되면 벽에 바짝 붙어 있어야 했지요. 이런 위험을 감수하고서라도 기차를 타야 했던 건 그게 유일한 대중교통 수단이었기 때문입니다. 마을 사람들은 스스로 곡괭이질을 하며 돌을 고르고 벽돌을 쌓아 세 평 남짓한 간이역을 놓습니다. 1988년 4월 1일 우리나라 최초의 민자 역사인 양원역에 기차가 서기 시작한 사연입니다.

해방 이후 60년대와 70년대를 거치면서 경제 발전과 더

불어 지역을 잇는 간이역이 촘촘히 건설되었습니다. 그러다 70년대 말부터는 자동차 산업이 발전하기 시작했고 전국에 도로가 깔리면서 철도 산업이 쇠퇴해 간이역은 하나둘 문을 닫기 시작했습니다. 사람들 관심이 자가용 소유로 쏠리며 간이역은 계속 폐쇄되었어요. 2004년 고속철도가 개통되면서 철도가 새롭게 주목을 받긴 했지만 2000년 이후로 간이역은 새롭게 만들어지지 않고 있어요. 2000년 11월 14일에는 완행열차인 비둘기호가 중단되었어요. 비둘기호는 거의 대부분 역에 정차하며 중단거리 통근과 통학용 교통수단으로 활약했던 열차입니다. 승객의 많고 적음을 떠나 그 열차를 이용하던 이들은 이후 어떤 교통수단으로 갈아탔을까요? 교통이 불편해지니 기를 써서라도 도시로 이주해야 했을까요? 지방에서 간이역은 바깥세상과 소통하는 요긴한 창구입니다. 지방 소멸을 우려하면서 왜 간이역은 점점 사라지는 걸까요?

2021년 국정감사에서 국토교통위 송석준 의원이 코레일로부터 받은 연도별 일반열차 운행 횟수 자료에 따르면 2017년부터 2021년 8월까지 경부선, 호남선, 중앙선 전체 편성의 36퍼센트에 해당하는 주중 44편, 주말 50편의 무궁화호 열차 운행이 줄었습니다. 지방으로 이주한 지인은 서울에 다녀갈 때마다 길어진 배차 간격으로 너무 많은 시간을 길에서 허비한다고 하소연했어요. 코레일은 앞으로도 무궁화호 운행을 축소 개편할 예정이라고 하는데 무궁화호 14개 노선을 폐지하면서 아낀 비용은 겨우 39억 원이라고 합니다. 2022년 러시아의 우크라이나 침공으로 유가가 폭등하자 우리 정부는 고유가에 물가 안정과 서민 지원을 이유로 유류세를 인하했는데 그 규모가 9조 원에 이릅니다. 같은 기간에 독일은 9유로 티켓 정책을 폈는데, 우리 돈으로 1만 2,000원짜리 티켓을 구입하면 장거리를 제외한 모든 대중교통을 3개월 동안 이용할 수 있는 정책이었어요. 이를 위해 독일 정부는 우리 돈으로 3조 4천억 원을 대중교통 운영 기관에 지원하며 요금 수입 감소분을 만회하도록 했습니다. 참고로 독일은 철도 천국입니다.

기후 위기 시대 탄소중립의 대안으로 가장 각광받는 교통 수단이 기차입니다. 대형 물류 수단이면서 에너지 효율도 높지요. 기차는 승용차에 비해 18배, 버스에 비해 4배 정도 에너지 효율이 좋은 것으로 평가받고 있습니다. 이뿐만 아니라 정해진 궤도를 운행하기 때문에 안전성, 정시성이 다른 교통수단에 비해 월등히 우수하며 교통 체증을 유발하지도 않습니다. 간이역이 살아나면서 지방의 교통 이용이 편해진다면 지방으로 이주를 생각하는 사람들이 지금보다는 늘어나지 않을까요? 간이역이 구원일 수 있는 시대입니다. 지방 소멸을 막을 해법에 지방의 교통망도 포함되어 있는지 묻고 싶네요. 6월 28일은 철도의 날입니다.

계절에 따라 이동하며 사는 새를 철새라 합니다. 우리나라에는 여름과 겨울에 철새들이 오고 갑니다. 겨울 철새는 가을부터 남하를 시작해 겨우내 이 땅에서 우리와 함께 호흡하며 지내다 이듬해 봄, 기온이 풀리기 시작하면 다시 북상합니다. 이들이 북상할 무렵 이번에는 남쪽에서 새들이 올라옵니다. 여름 동안 우리 땅에서 지내며 새끼를 치려고요. 걷거나 운송 수단을 이용해서 이동하는 인간과 달리 새들은 날개가 있어 우리의 감각을 뛰어넘는 거리를 이동합니다. 과학이 발전하면서 이들의 이동 경로가 하나씩 밝혀지고 있어요. 수천에서 만 킬로미터가 넘는 거리를 오가는 이들의 이동 과정을 확인하다 보면 복잡한 마음이 듭니다. 먼 거리를 이동하는 동안 만나게 될 장애물이 한둘이 아닐 테니까요. 특히나 기후 시스템이 망가지면서 이들의 이동에 더욱 어려움이 가중되고 있어요. 뿐만 아니라 인간이 만들어 놓은 인공물로 온갖 곳에 덫이 만들어지고 있습니다.

기온은 떨어져도 기러기, 큰고니, 두루미 등 겨울 철새가 도착했다는 소식에 마음이 훈훈해집니다. 몇 해 전에는 와중에 상모솔새의 안타까운 소식을 접했습니다. 상모솔새는 몸무게가 고작 5~6그램 정도로 우리나라에서 볼 수 있는 새 가운데 가장 작은 새입니다. 상모솔새는 무려 아무르, 만주 북부, 우수리, 사할린, 쿠릴열도 남부에서 번식하고는 추운 겨울을 나려고 우리 땅에 찾아옵니다. 소나무나 전나무 같은 침엽수림에서 츳츳츳츳 하는 가는 쇳소리가 들리면 제 눈은 어느새 노란색을 좇고 있습니다. 워낙 작은 새인 데다 몸동작이 재빨라 찾기 어려운 새이기에 발견했을 때의 기쁨이 무척 큰 새지요. 이 작은 새가 먼 길을 남하해서 우리 땅에 도착했는데 그만 도로에 설치한 유리 방음벽에 부딪혀 목숨을 잃은 사진을 보았어요. 너무나 애통했습니다. 힘껏 날갯짓하며 내려왔을 모습을 상상하니 얼마나 안타깝던지요. 작은 사체가 담긴 사진을 보며 애도했습니다. 사람이 낸 자동차 길을 동물이 가로지르려다 목숨을 잃는 걸 동물 찻

길 사고라고 합니다. 흔히 '로드킬'이라 부르지요. 이렇게 유리 벽에 충돌하거나 로드킬로 목숨을 잃는 동물을 맞닥뜨리면서 한편에서는 이들을 보호하려는 움직임도 있습니다. 유리에 점을 찍어 조류 충돌을 막고 있고, 생태 통로나 유도 울타리를 설치해서 동물의 피해를 줄이는 노력을 기울이고 있긴 합니다.

정작 애도조차 못 하는 죽음은 또 얼마나 많을까요? 우리가 전혀 알 수 없는 공간에서 벌어지는 일들 말입니다. 지구의 71퍼센트를 차지하는 바다는 우리의 거주 공간이 아니다 보니 넓디넓은 그곳에서 어떤 일이 벌어지는지 굳이 알고자 하지 않으면 알 길이 없어요. 2021년 코로나19 팬데믹이 한창이던 때 수에즈 운하에 길이 400미터, 총톤수 22만 4,000톤의 초대형 컨테이너선인 에버기븐호가 끼이는 사고가 발생했어요. 수에즈 운하가 생기기 전 유럽과 아시아는 아프리카 대륙을 빙 돌아 왕래했습니다. 그러다 홍해와 지중해를 연결하는 수에즈 운하가 개통되면서 아시아와 유럽을 오가는 최단 거리 물길이 생겼고 전 세계 물류의 10퍼센트가 이곳을 이용하기에 이르렀어요. 그런 곳에 배 한 척이 끼이면서 그곳을 지나는 모든 물류가 멈추는 일이 도미노처럼 벌어졌어요. 그곳으로 원유를 수송하지 못하게 되자 국제유가가 6퍼센트 이상 오르기도 했고요. 세계 최대 커피 생산국인 베트남에서 유럽과 미국 동부로 보내는 커피 대부분도 수에즈 운하를 통과하는데 이 역시 물류가 막히면서 커피 가격에도 영향을 미쳤어요.

이 배는 어쩌다 운하에 끼이게 된 걸까요? 상황에 따라 여러 이유가 있겠지만 근본적인 문제는 날이 갈수록 화물선 크기가 자꾸 커지고 있다는 점입니다. 운하는 건설 당시 그대로인데 말이지요. 세계화와 함께 물류 이동량은 지속적으로 증가 추세입니다. 그러다 보니 한 번에 실어 나를 수 있는 양이 많을수록 물류비용이 줄고 물건 가격에도 영향을 미치게 되지요. 이것은 결국 이윤을 높이는 데 일조하게 됩니다. 더 많은 양을 한 번에 싣게 된 데에는 컨테이너라는 마술 상자의 발명이 결정적인 역할을 했어요. 컨테이너가 발명되기 이전에 배에 물건을 싣고 내리는 일은 모두 부두 노동자가 했어요. 노동자들의 노동을 컨테이너를 크레인으로 집어 싣고 내리는 일이 대체하면서 배가 항구에 정박하는 시간이 획기적으로 줄었어요. 이 역시 이윤과 직결되는 사안입니다. 이제 많은 화물을 빠르게 나르는 일이 가능해지자 더 큰 배로 더 많은 화물을 싣는 일에 관심이 생길 수밖에 없게 되었지요. 전 세계 초대형 컨테이너선은 2018년 기준으로

6,133척입니다.

이윤 증대라는 목표에 가려져 우리가 간과했던 게 있지요. 바다의 주인은 누구일까 하는 질문입니다. 바다에 사는 고래나 상어처럼 몸집이 거대한 해양 동물들이 화물선에 부딪혀 목숨을 잃는 해양 로드킬이 벌어지고 있다는 걸 육지에 사는 우리가 알아차리기란 쉽지 않습니다. 대왕고래, 긴수염고래, 혹등고래, 향유고래 등 멸종 위기 고래가 사망에 이르는 원인 가운데 하나로 화물선 충돌을 꼽고 있어요. 전 세계 선박 항로와 고래 서식 활동 경로가 92퍼센트 정도 겹친다는 연구 결과가 나왔거든요. 현재 해양보호구역은 전체 바다 면적의 1.2퍼센트에 불과합니다. 충돌 위험 지역을 보호하기 위해서는 해양보호구역을 3퍼센트로 확대해야 한다고 연구진은 주장하고 있어요. 해양보호구역 확대는 그린피스를 비롯한 여러 환경 단체가 지속적으로 요구하는 내용이기도 합니다.

전 세계 선박 가운데 선박 충돌로부터 고래를 보호하기 위한 대책을 갖추고 있는 선박은 고작 7퍼센트에 그치고 있어요. 당장 보호구역을 확대할 수 없다면 고래 보호를 위한 대책이라도 각 선박이 갖추면 좋겠습니다. 아니, 의무 조항으로 넣어야 할 것 같지 않나요? 선박의 속도를 줄이는 것도 해양 로드킬을 낮출 수 있는 방법입니다. 바다의 주인은 누구일까, 하는 질문과 함께 그 많은 화물 가운데 정말 꼭 필요한 물건은 얼마나 될지도 궁금해집니다. 고래 목숨을 앗아 가면서까지 실어 날라야만 하는 가치 있는 물건의 기준은 또 무엇일지도 궁금해집니다.

1부 개인 : 나와 가정의 소비

1장 나는 '덜 사기'가 왜 이렇게 어려울까?

'굉장한' 경험의 쓸모
- **기사** 이정호, "'500kg 금속 덩어리' 곧 지구에 떨어진다…위치는 오리무중", 경향신문, 2025.05.04.
- **기사** 곽노필, "옛 소련 금성 탐사선, 반세기 만에 인도양에 추락", 한겨레, 2025.05.11.
- **기사** 박건희, "우주개발 경쟁이 촉발한 로켓 발사, 오존층 파괴 우려", 동아사이언스, 2024.01.10.
- **기사** Richard Gray, "Di 11 spacewalks wey make history", BBC News, 2024.09.13.

몇 가지 물건을 소유해야 행복할까?
- **기사** 이한, "노 블랙 프라이데이! 오늘 "아무것도 사지 않는 날"", 뉴스펭귄, 2024.11.29.
- **영화** 〈100일 동안. 100가지로 100퍼센트 행복찾기(100 Things)〉, 2019.

아무것도 사지 않는 날
- **영화** 〈피아니스트 세이모어의 뉴욕 소네트(Seymour: An Introduction)〉, 2016.
- **책** 《나는 단순하게 살기로 했다》, 사사키 후미오 지음, 김윤경 옮김, 2015.

버려진 물건들의 무덤
- **기사** Mark Byrnes, "Where New York's Old Telephone Booths Go to Die", Bloomberg, 2013.06.19.
- **기사** Bloomberg News, "China's Abandoned, Obsolete Electric Cars Are Piling Up in Cities", Bloomberg, 2023.08.17.
- **책** 《사라진, 버려진, 남겨진》, 구정은 지음, 후마니타스, 2018.

산타는 일 년에 한 번으로 족하다
- **기사** 김인애, "2024년 국내 택배 물량 60억 건 육박, 중국 이커머스·배송 경쟁 확대 영향", 비즈니스포스트, 2025.05.05.

과잉 육식 시대
- **웹** https://www.fao.org/livestock-systems/resources/publications/en/
- **기사** Simon van Teutem, "Every second, 10 cows, 47 pigs, and 2,400 chickens are slaughtered for meat", Our World in Data, 2024.12.06.

비행기 여행의 부끄러움, 기차 여행의 자부심
- **기사** Maureen O'Hare, "Which country flies the most? Where are people going? And in which planes? 2024 aviation stats revealed", CNN travel, 2025.08.09.
- **기사** "Global Air Passenger Demand Reaches Record High in 2024", IATA, 2025.01.30.
- **기사** Sarah Barrell, "The scandal of 'ghost flights': are empty planes haunting our skies?", nationalgeographic, 2022.04.19.
- **기사** "플뤼그스캄: 항공 산업을 걱정하게 한 스웨덴의 '비행기 여행의 부끄러움' 운동", BBC News 코리아, 2019.06.20.
- **기사** 손우성, "프랑스 "기차로 2시간 30분 거리는 비행기 운항 금지" 실효성 의문", 경향신문, 2023.05.24.
- **기사** "Sweden sees rare fall in air passengers, as flight-shaming takes off", BBC, 2020.01.11.
- **기사** Tommy Lund, "Sweden's air travel drops in year when 'flight shaming' took off", Reuters, 2020.01.10.
- **기사** Arthur Neslen, "Airlines flying near-empty 'ghost flights' to retain EU airport slots", The Guardian, 2022.01.26.

'좋아요'는 정말 좋을까?
- **기사** 장수경, "3년 만에 정부판 '카카오 먹통' 사태…소 잃고 외양간 못 고쳤다", 한겨레, 2025.09.28.
- **기사** 윤상언, "카카오 서비스 3시간째 먹통…"판교 데이터센터 화재 때문"", 중앙일보, 2022.10.15.
- **보고서** 〈에너지와 AI(Energy and AI)〉, IEA, 2024.

2장 우리 집의 작은 습관이 변화를 만들 수 있을까?

우리는 매주 신용카드를 먹는다
- **뉴스** 김효신, "합성섬유 의류가 바다 위협…세탁폐수서 '미세플라스틱' 검출", KBS뉴스, 2018.12.26.
- **보고서** 〈Policies to Reduce Microplastics Pollution in Water-Focus on Textiles and Tyres〉, OECD, 2021

건조기, 빨래가 햇볕을 만날 권리를 박탈하다
- **기사** Tom Geoghegan, "The fight against clothes line bans", BBC, 2010.10.08.
- **기사** 곽노필, "의류 건조기는 미세플라스틱 발생기?… 세탁기보다 최대 40배", 한겨레, 2025.02.07.

빈 병, 재활용할까 재사용할까?
- **웹** http://www.hansalim.or.kr/archives/19655
- **기사** Philip Oltermann, "Has Germany hit the jackpot of recycling? The jury's still out", The Guardian, 2018.03.30.

지구를 살리는 구부러진 화살표
- **웹** 껌드롭, https://gumdropltd.com/
- **기사** The Berlin School Of Creative Leadership, "The Freitag Brothers On Three Ways Narrative Can Help Build Your Brand", Forbes, 2015.01.02.
- **기사** Mara Budgen, "The Freitag brothers. From truck tarps to biodegradable fabrics, thinking in cycles since 1993", LIFEGATE, 2017.04.13.

숫자 뒤에 가려진 인간의 고통과 모욕의 규모 기억하기
- **기사** "WFP warns of deepening hunger crisis amid funding shortfall", ALJAZEERA, 2025.11.18.
- **기사** "WFP to prioritize feeding 110 million of the hungriest in 2026 as global hunger deepens amidst uncertain funding", WFP, 2025.11.18.

2부 사회 : 동네와 직장의 소비
3장 쓰레기 없는 동네는 불가능한 걸까?

불꽃놀이, 찰나의 아름다움 뒤에 감춰진 것들
- **기사** 이병구, "서울 세계불꽃축제 후 초미세먼지 최대 32배 폭증", 동아사이언스, 2025.02.03.
- **논문** 김관철(광주과학기술원), 〈춘절 기간 중국 불꽃놀이로 발생된 대기 오염물질의 한반도 유입〉, 한국대기환경학회지 제34권 제6호, 2018.
- **기사** 김길원, "불꽃축제는 미세먼지 폭탄…대기질 최대 36배 나빠져", 연합뉴스, 2025.02.03.

내가 산 건 물건뿐일까?
- **영화** 〈자전거 대 자동차(Bikes VS. Cars)〉, 2015.

- **책**《Door to Door》, Edward Humes, 2017.

플라스틱이 점령한 지구
- **기사** Mary Bellis, "Biography of Marvin Stone, Inventor of Drinking Straws", ThoughtCo., 2019.08.19.
- **책**《플라스틱아틀라스-세계판 2022》, 하인리히 뵐 재단, 분트 지음, 움벨트 옮김, 작은것이아름답다, 2022.
- **논문** Derek Thompson, 〈The Amazing History and the Strange Invention of the Bendy Straw.〉, The Atlantic, 2011.11.22.
- **웹** 베셀 웍스, https://vesselworks.org/

쓰레기 제로 마을
- **기사** 김민정, "일본 탄소&폐기물 제로 도시 '가미카츠'를 가다…2030년 넷제로 목표 80% 달성", ESG경제, 2022.05.05.

투명한 비극
- **기사** 김지숙, "1년마다 새 800만마리 즉사…안 지워지는 '붉은 눈물'", 한겨레, 2024.02.27.
- **기사** 천권필, "멸종위기 새매도 당했다…서울-파리 90m '죽음의 벽' 비극", 중앙일보, 2025.05.10.
- **책**《도시를 바꾸는 새》, 티모시 비틀리 지음, 김숲 옮김, 원더박스, 2022.
- **보고서** 〈야생조류 투명창 충돌 저감 가이드라인〉, 국립생태원, 2019.

동물을 위한대도 동물원은 동물원일 뿐
- **기사** 최우리, "한국의 마지막 북극곰 '통키' 떠나다", 한겨레, 2018.10.18.

도토리 하나에 달린 수많은 생명
- **기사** 이병채, "도토리 무단채취하던 시민에 놀라…꽃사슴의 안타까운 죽음", 중앙일보, 2016.10.18.
- **뉴스** 김성국, "잇단 도심 출몰 '멧돼지' 주의, 대전MBC, 2024.11.06.

가창오리는 죄가 없다
- **기사** 김효정, "'눈물 참아가며 시신 수습'… 과학수사대의 눈에 비친 그날의 무안공항", BBC News 코리아, 2025.03.18.
- **기사** 박수지, "제주항공 엔진서 가창오리 깃털·혈흔 나

왔다…"복행 중 접촉"", 한겨레, 2025.01.25.
- **기사** 박기용·김지숙, "무시하고 축소했다…'국토부의 자업자득' 새만금공항 취소 판결", 한겨레, 2025.10.15.

행복을 부르는 중고 가게
- **기사** 최우리, "행복한 나라의 사람이 많이 한 '이것'…한국은 5단계 떨어진 58위", 한겨레, 2025.03.21.
- **기사** 양승희, "핀란드 젊은이들, 싸고 친환경적인 '중고물건'에 빠지다", 이로운넷, 2020.09.06.
- **기사** 김훈남, "우리는 100% 자원 순환을 꿈꾼다…재활용을 만드는 사람들", 머니투데이, 2023.10.02.

4장 데이터가 물과 전기를 집어삼킨다고?

AI, 기술과 지혜 사이의 줄타기
- **기사** 김재호, "'AI·로봇'의 역습…아마존, 자동화로 최대 60만 명 해고 시동", 교수신문, 2025.11.03.
- **기사** 이신형, "IEA, 수년 내 에너지 시장 새로운 국면 진입…전기화 가속화", ESG경제, 2024.10.17.

두 바퀴가 바꾸는 도시
- **기사** 심진용, "자전거 주차난에 고민하는 네덜란드", 경향신문, 2017.08.08.

공정하게, 함께, 달콤하게
- **기사** 권복기, "공정무역으로 공동체운동 세계화", 한겨레, 2008.03.31.

광고가 나를 소비하도록 만드는 법
- **영화** 〈구글 베이비(Google Baby)〉, 2009.
- **영화** 〈거대한 해킹(Great Hack)〉, 2019.

3부   세계 : 나라와 지구의 소비
5장 '친환경'이라는 말, 어디까지 믿어도 될까?

목화밭에서 불공정이 자란다
- **기사** 민은주, ""일할수록 빚만 늘어" 인도 면화농장 아동·강제노동 만연", 한국섬유신문, 2025.01.09.
- **기사** 캐서린 갤러웨이, "면화 생산이 환경에 미치는 영향", 국제과학위원회(ISC), 2024.06.17.

인간이 깃털을 얻기 위해 벌인 일
- **기사** 유호연, "멸종된 새 깃털 한 가닥이 3900만 원에 팔렸다…왜?", 뉴스펭귄, 2024.05.23.
- **책** 《깃털 도둑》, 커크 월리스 존슨 지음, 박선영 옮김, 흐름출판, 2019.
- **책** 《깃털》, 소어 핸슨 지음, 하윤숙 옮김, 에이도스, 2013.

화장실 없는 집에 요강만 들이는 무지
- **기사** Holly Duchmann, "Entergy sues feds for not disposing of St. Francisville-produced nuclear waste", businessreport, 2020.01.14.
- **기사** 조정훈, "월성원전 사용후핵연료 임시저장시설인 맥스터 7기 준공", 오마이뉴스, 2022.03.14.
- **뉴스** 이지은, "월성원전 맥스터 공사 마무리…주민 반발은 해결 과제", KBS뉴스, 2022.01.19.
- **기사** 김정수, "월성원전 맥스터 공론조사 조작 의혹", 한겨레, 2020.07.28.
- **기사** 김부미, "월성 맥스터 증설했지만 2037년 또 포화…특별법 제정 시급", 전기신문, 2023.04.04.

新 삼국지, 우리는 어디를 따를 것인가?
- **기사** Stephen Milder, "The New Watch on the Rhine: Anti-Nuclear Protest in Baden and Alsace", Environment & Society Portal, 2013.
- **기사** 노지원, "독일 원전 모두 멈춘다…"핵폐기물 저장소 찾는 데 60년 이상"", 한겨레, 2023.04.03.
- **기사** "독일의 환승 에너지 - 원전과 헤어지고 재생에너지를 선택한 이유", 그린피스, 2023.04.21.
- **서평** 이계삼, '덴마크라는 나라, 무엇이 다른가', 녹색평론 통권 제139호, 2014.
- **책** 《삶을 위한 학교》, 시미즈 미츠루 지음, 김경인·김형수 옮김, 녹색평론사, 2014.

내일의 식탁은 안녕할까?
- **기사** 최원형, "식품매장이 텅텅 비는 일이 실제로 벌어졌습니다", 오마이뉴스, 2022.01.14.
- **기사** 권윤희, ""세상 끝나는 줄…" 사막에나 있는 거대 먼지폭풍 브라질 강타", 나우뉴스, 2021.10.01.
- **뉴스** 디지털뉴스랩2팀, "사막에나 있을 법한 모래폭풍이 집어삼킨 브라질 상황", MBC뉴스, 2021.10.04.
- **기사** 노광준, "신재생에너지가 문제? '텍사스 정전사태'의 진실", 오마이뉴스, 2021.04.27.

• **기사** Dionne Searcey, "No, Wind Farms Aren't the Main Cause of the Texas Blackouts", The New York Times, 2021.03.03.

라마단 기간은 무슬림들의 블랙프라이데이?
• **기사** 구기연, "이슬람 단식월 '라마단' 의미", 경향신문, 2022.04.13.
• **기사** 김미향, "19억 무슬림 인구, '그린 라마단' 실천한다면 어떤 일?", 한겨레, 2023.04.18.

수리 가능성 지수는 '가능'하다
• **기사** 김민정, "인터넷 사용이 온실가스 배출…당신의 '디지털 탄소발자국'은?", ESG경제, 2022.07.14.
• **기사** 이연주, "고장 나면 끝? '수리할 권리'를 찾아서", 투데이신문, 2025.05.12.
• **기사** mdepypere, "The French repair index: challenges and opportunities", Right to Repair Europe, 2021.02.03.

기후에 좌우되는 인류 문명, 육식이 변수
• **기사** 김규남, "다보스포럼 "기후위기, 향후 10년 세계 위험 1~4위"", 한겨레, 2023.01.12.
• **기사** 윤원섭, "① WEF 2024 글로벌 리스크 발표…"2026년까지 가장 큰 위협 가짜정보 확산·기상이변"", 그리니엄, 2024.01.11.
• **책** 《대기근, 조선을 뒤덮다》, 김덕진 지음, 푸른역사, 2008.

6장 내 장바구니가 어떻게 지구 반대편을 바꿀까?

식탁 위 세계 지도
• **기사** 이안 어비나, "감비아, 썩은 생선 냄새를 쫓아서", 르몽드 디플로마티크, 2021.05.31.
• **기사** 고미혜, "분홍색으로 변한 아르헨티나 호수…"폐기물 속 화학물질 탓"", 연합뉴스, 2021.07.27.
• **기사** 황이링, "대만 해상 노동자의 과로 위험과 해상 의료 접근성 위기", 오마이뉴스, 2025.09.30.
• **책** 《세계지도 속 환경 이야기》, 최원형 지음, 블랙피쉬, 2025.
• **책** 《블루 뉴딜》, 크리스 암스트롱 지음, 김현우 옮김, 나름북스, 2025.

남의 곳간에 불 지르고 얻는 팜유
• **기사** 전명훈, "팜유 산업이 인도네시아 산림파괴·인권 침해…한국기업도 진출", 연합뉴스, 2019.03.05.
• **보고서** 〈빼앗긴 숲에도 봄은 오는가〉 팜유 산업의 환경, 인권 침해 실태 및 한국 기업의 운영 현황에 대한 보고서, 환경운동연합·공익법센터 어필, 2019.

성(性) 테러와 스마트폰
• **기사** 이사벨 게레센, "지속 가능한 스마트폰은 어떤 모습일까?", BBC News 코리아, 2023.12.02.
• **영화** 〈기쁨의 도시(City of Joy)〉, 2018.

뭍에서 바다를 생각하다
• **기사** 문정식, "알래스카주 바다오리 집단폐사 원인은 기후변화", 연합뉴스, 2019.05.30.
• **책** 《바다, 우리가 사는 곳》, 핫핑크돌핀스 지음, 리리, 2019.

온(溫) 맵시가 산호초를 살린다
• **기사** 천호성, ""호주 대보초 산호, 과거처럼 재생 못 할 수도"…역대 최악 백화", 한겨레, 2025.08.06.
• **보도자료** "체온 높여주는 '온(溫)맵시'로 마음 온도까지 높여요", 아름다운가게, 2013.12.05.
• **영화** 〈산호초를 따라서(Chasing Coral)〉, 2017.

빙하 장례식
• **뉴스** KBS, ""귀를 찢는 듯한 굉음"…스위스 마을, 빙하 붕괴로 "90% 뒤덮여", KBS뉴스, 2025.05.29.
• **기사** 조일준, "빙하의 죽음…스위스 알프스 산정의 빙하 장례식", 한겨레, 2019.10.19.
• **뉴스** 권영희, "빙하 녹는 히말라야…20억 명 '물 부족' 위기", 사이언스투데이, 2025.07.07.
• **기사** 이정호, "'뜨거운 시베리아'가 몰고 올 재앙의 서막", 경향신문, 2020.06.21.

넘치는 방문, 부족한 배려
• **기사** 문광주, "크루즈 여행이 환경에 미치는 악영향 '상상 초월'", 이미디어, 2018.09.06.
• **기사** 조기원, "베네치아 최대 1만3천원 입장료 징수…'오버투어리즘 줄어들까", 한겨레, 2022.07.03.
• **기사** 정의길, "베네치아, 당일치기 관광객에 '입장료 5유로' 부과", 한겨레, 2024.07.14.
• **기사** 김민순, "'오버투어리즘 몸살' 북촌 2.3㎞ 구간 전

세버스 막는다⋯"통근·마을버스 제외"", 한국일보,
2025.06.27.
- **기사** 주영재, "환경 지키는 크루즈여행 가능할까", 주간
경향, 2023.01.20.

지구의 쓰레기통이 된 아크라
- **기사** 사무엘 콰시-이둔, "반송합니다 : 왜 아프리카는
더 이상 여러분의 옷이 필요 없을까요?", 그린피스,
2024.04.22.
- **기사** 김현유, "이 아프리카 국가들은 더 이상 당신
이 입던 옷을 원하지 않는다", 허프포스트코리아,
2016.09.22.
- **뉴스레터** "EU 에코디자인 규정 유럽의회 통과 - 에코디
자인 요구조건 강화", 법무법인(유) 세종, 2024.05.22.
- **책** 《Clothing Poverty》, Andrew Brooks, 2019.

멸종은 누가 만드는 걸까?
- **기사** 김규현, "참매·검독수리도 살고 있었네⋯대구 팔
현습지 개발 논란 가열", 한겨레, 2023.11.08.
- **기사** 박재형, "대구 금호강 팔현습지 멸종위기종
2종 추가 발견⋯총 14종으로 늘어", 대구MBC,
2023.11.06.

바깥세상과 소통하는 요긴한 창구, 간이역
- **뉴스** 김호, "다음달 신형 일반열차 운행⋯무궁화호는
감축", KBS뉴스, 2023.08.21.
- **기사** 강찬구, "무궁화호 경영 논리 앞에 축소·폐지 수
순", 경남도민일보, 2021.08.23.
- **영화** 〈기적〉, 2021.

해양 로드킬로 고통받는 고래
- **기사** 이동재, "바다에도 '로드킬' 있다⋯매년 고래 수만
마리 교통사고 사망", 뉴스펭귄, 2024.11.26.
- **뉴스** 이정신, "바다에도 '로드킬' 빈번 "고래 가는 길 비
켜주세요"", MBC뉴스, 2015.09.12.

착한 소비는 없다

2026년 01월 07일 개정판 01쇄 인쇄
2026년 01월 16일 개정판 01쇄 발행

지은이 최원형

발행인 이규상   편집인 임현숙
편집장 김은영   책임마케팅 윤선애
콘텐츠사업팀 강정민 정윤정 오희라 윤선애 오은서
디자인팀 최희민 두형주
채널 및 제작 관리 이순복   회계 김하나

펴낸곳 (주)백도씨
출판등록 제2012-000170호(2007년 6월 22일)
주소 03044 서울시 종로구 효자로7길 23, 3층(통의동 7-33)
전화 02 3443 0311(편집) 02 3012 0117(마케팅) 팩스 02 3012 3010
이메일 editor@100doci.com(투고·편집 문의) valva@100doci.com(유통·사업 제휴)
블로그 blog.naver.com/100doci_   인스타그램 @blackfish_book   X @BlackfishBook

ISBN 978-89-6833-532-7 03330